José Luis González Santana

Los judíos en el exilio

José Luis González Santana

Los judíos en el exilio

Comentario al libro de Ester

CREDO EDICIONES

Imprint

Any brand names and product names mentioned in this book are subject to trademark, brand or patent protection and are trademarks or registered trademarks of their respective holders. The use of brand names, product names, common names, trade names, product descriptions etc. even without a particular marking in this work is in no way to be construed to mean that such names may be regarded as unrestricted in respect of trademark and brand protection legislation and could thus be used by anyone.

Cover image: www.ingimage.com

Publisher:
CREDO EDICIONES
is a trademark of
Dodo Books Indian Ocean Ltd. and OmniScriptum S.R.L publishing group

120 High Road, East Finchley, London, N2 9ED, United Kingdom
Str. Armeneasca 28/1, office 1, Chisinau MD-2012, Republic of Moldova, Europe
Printed at: see last page
ISBN: 978-613-6-26650-3

Índice

Introducción

Escribir es dejar a la posteridad un recuerdo de lo mejor, o peor, del escritor. El autor, en ese proceso, se expone para que el mundo lo valore por medio de su obra, pues ella es parte indisoluble de su pensamiento. Lo que un día escribió queda grabado con letras de fuego, se hace inmortal debido a que influye en el pensamiento de sus semejantes y, por ende, en el devenir de la historia. Sin lugar a dudas, plasmar las ideas en papel es un riesgo que no muchos calculan.

Si bien publicar nuestras opiniones conlleva un margen importante de riesgo, comentar un documento es aún más audaz. El comentarista no solo escribe, sino que pretende entender y explicar. Aquí entran en juego una serie de hechos, propios de la articulación hermenéutica, que impactan la forma de asumir un contenido determinado. No obstante, en la dinámica de la interpretación, siempre quedan dudas sobre la validez de las conclusiones a las que se arriban.

Lo curioso de todo esto es que, escribir un comentario bíblico, abarca los dos elementos antes señalados y más. El investigador hace su mejor esfuerzo para comprender, ya no el mensaje de un hombre, sino el mensaje de Dios para el hombre. Debido a su propia incapacidad, queda en deuda con el Espíritu Santo y, además, con miles de escritores.

Con esta nueva obra abrimos una serie que pretende cubrir los libros históricos que describen la situación del pueblo de Dios en el exilio (Ester, Esdras y Nehemías). El objetivo de esta empresa es que podamos desarrollar una visión completa de esa etapa histórica que, muchas veces, se pasa por alto. Además, busca concientizar a los lectores sobre la vigencia del mensaje que brota de estos libros inspirados.

Aunque los comentarios pueden clasificarse de diferentes modos (históricos, exegéticos, homiléticos, etc.), preferimos decir que el nuestro es mixto. La idea era exponer el mensaje del libro sin que prevaleciera ninguna de las clasificaciones anteriores. No obstante, todos estos énfasis han sido usados como herramientas, no como marco de trabajo.

En cuanto a la distribución de los capítulos, podemos decir que son ocho en total. De ellos, cinco tienen la intención de comentar el libro de Ester y tres (1, 2 y 8) cumplen con otra función. El primer capítulo discute los temas introductorios al libro, como ya es normal en cualquier comentario. Por su parte, el capítulo dos, intenta ubicar a Ester en la historia de la salvación. Finalmente, el capítulo ocho, recoge todas las conclusiones teológicas a las que hemos llegado y las organiza de forma sistemática. Esperamos que el contenido de esta investigación sea de bendición para cada lector.

Capítulo 1: Datos introductorios

Introducción

En este primer capítulo nos embarcaremos en un viaje de descubrimiento hacia el fascinante mundo de la reina Ester, una figura emblemática cuya historia se entrelaza con la fe y la providencia. Nuestro objetivo es profundizar en los aspectos más significativos de los estudios bíblicos. Cada uno de estos tópicos que analizaremos contribuirá a esclarecer, no solo los datos contenidos en el libro, sino también el escenario espacio/temporal en el que se desarrolla la narrativa. Así, con cada paso, nos acercaremos más a entender la complejidad y la belleza de la historia de Ester.

Comenzaremos con la autoría del libro, explorando las teorías sobre quién pudo haberlo escrito y por qué. Una vez que cubramos este tema, la fecha nos proporcionará un marco temporal para entender mejor los eventos descritos. Unido a esto, descubrir los destinatarios originales ayudará a interpretar su propósito y mensaje.

El contexto histórico es otro pilar fundamental de nuestro estudio, situar la narrativa en su época permite apreciar la relevancia de la historia de Ester en su propio tiempo y en el nuestro. Por otro lado, la cronología interna del libro revelará la secuencia de eventos y cómo estos se relacionan entre sí. Finalmente, la estructura literaria, señalará cómo está organizado el relato, qué técnicas narrativas se emplean y cómo contribuyen a la trama y al desarrollo de los personajes.

Autor

La identidad del autor del libro de Ester es un enigma que ha intrigado a los estudiosos a lo largo de los años. La preocupación evidente por el destino de los judíos sugiere que el autor era probablemente de este pueblo, de la tribu de Benjamín. Además, la utilización de términos persas y un conocimiento detallado de la corte de Susa apuntan a que el autor residía en Persia y estaba bien versado en las costumbres y el entorno palaciego de la época. Los hallazgos arqueológicos en Susa respaldan esta hipótesis, hay teorías que postulan que el autor podría haber estado asociado con la corte persa o haber tenido acceso a información de primera mano.

Esdras, un erudito de la ley judía y funcionario de la corte, emerge como un fuerte candidato para la autoría, debido a su conocimiento íntimo de los eventos y a su posición de confianza bajo el reinado de Artajerjes I. La confrontación con Amán tuvo lugar mucho antes de su misión a Jerusalén (457 a.C.), lo que le habría proporcionado el conocimiento necesario para narrar la historia. Nehemías también es considerado un posible autor, aunque la evidencia que lo respalda es más tenue.

Por último, Mardoqueo se presenta como un candidato viable para ser el escritor del libro, dada su profunda familiaridad con el palacio y su acceso a registros oficiales. El uso de la tercera persona no elimina la posibilidad de que Mardoqueo fuera el autor; no obstante, tenemos que admitir que no tenemos suficientes datos para llegar a una conclusión decisiva. Aunque la identidad permanece desconocida en la actualidad, todo indica que era un judío, cercano a la corte, que vivió los eventos descritos en el libro.

Fecha y destinatario

El epílogo revela que Asuero (Est. 10:1-3), también conocido como Jerjes, había perecido (465 a.C.) antes de la redacción del texto. Adicionalmente, otros elementos del desenlace sugieren que, en el momento de la composición, el vasto Imperio Persa todavía desplegaba su dominio sobre el orbe (331 a.C.). Es razonable inducir que la redacción del libro ocurrió entre estos dos puntos (465/331).[1] Sin embargo, la riqueza de detalles con que se narran aspectos de la cultura y la política persa insinúan que la obra fue redactada poco tiempo después de los acontecimientos, posiblemente por alguien que fue testigo de la magnificencia y las calamidades de aquella época.

Si esta premisa es acertada, entonces el libro fue concebido para razonar con los contemporáneos del autor, una generación que gradualmente ha perdido sus raíces hebreas tras más de siete décadas de exilio. A pesar de que ya se había promulgado el edicto que les permitía retornar a su patria, muchos optaron por permanecer en Babilonia, incluyendo figuras como Mardoqueo y Ester. El libro, por lo tanto, destaca por ser un canto a la inquebrantable lealtad de Dios hacia su alianza, ilustrando cómo, incluso en tiempos de rebeldía, él sigue velando por su pueblo. Es probable que este mensaje inspirara a otro contingente de exiliados a emprender el regreso a su tierra natal, guiados por Esdras, diecisiete años después de los acontecimientos narrados en Ester.

---

[1] Para un análisis más detallado sobre el autor/fecha, según una perspectiva conservadora, recomendamos la introducción del Comentario Bíblico Adventista (CBA) al libro de Ester. El autor de esta obra ha asumido, en esos dos puntos, la propuesta del CBA.

Contexto histórico

El análisis del contexto histórico-cultural es esencial para responder interrogantes sobre un texto bíblico. Esa herramienta nos ayuda a entender la dinámica política, económica y social del período, así como el entorno y las prácticas religiosas. Con ella se examinan las costumbres, el estilo de vida, el trabajo, la subsistencia y la alimentación de la población de la época. Fuentes diversas como la Biblia, los descubrimientos arqueológicos, los estudios geográficos y las investigaciones históricas, proporcionan una visión profunda del contexto histórico. Estos datos son invaluables, absolutamente necesarios para una interpretación más acabada y enriquecedora del texto bíblico.

La formación de la monarquía

La transición de Israel a una monarquía no fue un evento repentino tras su éxodo de Egipto, el proceso fue más bien gradual. Tras el fallecimiento de Moisés (Dt. 34:1-7), la elección de Josué como líder (Jos. 1:1-9) marcó el comienzo de una nueva época para Israel. Eventualmente, el pueblo pasó a ser gobernado por los ancianos (Jue. 2:7). Con la muerte de esa generación, emergió un vacío de poder que llevó a la instauración de los jueces (Jue. 2:16).

Durante este periodo, Israel se sumergió en un ciclo recurrente de pecado, opresión, arrepentimiento y liberación, solo para caer nuevamente en la apostasía. Samuel, el último de los jueces, cedió su puesto ante la demanda popular de un monarca (1 S. 8:1-10), dando paso al reinado de Saúl. La sucesión continuó con David y, tras su muerte, Salomón ascendió al trono, consolidando la monarquía. Pero, luego del deceso de Salomón, ¿qué ocurrió?

Tras la muerte de Salomón, su hijo Roboán ascendió al trono (1 R. 14:21). El turbulento reinado de su progenitor había generado expectativas de cambio con la coronación del nuevo monarca, esperanzas de alivio de las cargas previas (2 Cr. 10:1-14). Sin embargo, el encuentro entre Roboán y sus súbditos resultó desastroso, culminando en una escisión del reino (2 Cr. 10:15-19). Jeroboán, antiguo adversario de Salomón, fue constituido como gobernante sobre diez tribus de Israel, estableciendo Samaria como capital. Mientras tanto, Roboán retuvo el control sobre dos tribus (Benjamín/Judá).

El pecado de los reyes de Israel y Judá

El reino de Israel, emplazado en la región septentrional, se convirtió en el símbolo de la insubordinación. En el año 722 a.C., los asirios lograron su conquista y procedieron a deportar a sus habitantes hacia distintas regiones de su vasto imperio (2 R. 17:21-23). Posteriormente, pobladores de diversas procedencias fueron reubicados en la zona, quienes con el tiempo dieron origen a los samaritanos (2 R. 17:24-41). El pueblo exiliado (Israel) se mezcló con los ciudadanos locales y finalmente se perdió su rastro.

El reino de Judá fue gobernado por monarcas cuyas regencias oscilaron entre la rectitud y la iniquidad. A pesar de contar con líderes virtuosos, la inclinación general del reino era hacia la desobediencia. Incluso, frente a las exhortaciones proféticas para retornar a la fidelidad, los actos de insubordinación se intensificaban. Esta tendencia se exacerbó progresivamente, culminando en el complejo panorama político, religioso y social que caracterizó la generación de Daniel. Fue en medio de esta época turbulenta cuando emergió el poderoso Imperio neobabilónico.

7

Tras la destrucción de Babilonia por Senaquerib, su hijo Esarhaddon (680-669 a.C.) emprendió la reconstrucción. Enfrentando el desafío del gobierno babilónico, optó por autoproclamarse rey. Además, nombró a su hijo Shamash-shum-ukin como sucesor en Babilonia y al príncipe Asurbanipal como heredero del trono asirio y del imperio. Esarhaddon, preocupado por la estabilidad tras el asesinato de su padre, reclamó a los vasallos lealtad a su hijo.

Después del fallecimiento de Esarhaddon, la reina Zakutu exigió un juramento de fidelidad a Shamash-shum-ukin hacia Asurbanipal. Sin embargo, influenciado por elamitas, árabes y caldeos, terminó rebelándose. A pesar de esto, Asurbanipal logró aplastar la insurrección. Cuatro décadas más tarde, en medio del ocaso asirio, Babilonia se mantuvo firme bajo el mando del rey Nabopolasar (625-605 a.C.) debido a una alianza con Ciáxares, el monarca medo. Nabopolasar, junto a su hijo Nabucodonosor II (604-562 a.C.), se empeñó en erigir el Imperio neobabilónico sobre las cenizas del desmoronado Imperio neoasirio.[2]

La política bélica de Judá

Los monarcas de Judá no se mantuvieron al margen de las intrigas políticas. La muerte de Josías (2 R. 23:28-30) ocurrió en un intento por evitar que el faraón Necao se aliara con los asirios contra Babilonia. Tras su fallecimiento, Joacaz tomó el poder brevemente por tres meses, hasta que Necao lo depuso y elevó a Joacín, un rey de tendencias proasirias.

---

[2] Benjamin Foster y Karen Foster, *Las civilizaciones antiguas de Mesopotamia*, trad. Silvia Furió (Barcelona, España: Crítica, 2011), 135-136.

Este conflicto de intereses culminó con la victoria de Nabucodonosor II sobre Egipto y el remanente asirio en Karkemish (605 a.C.). Fue entonces cuando Nabucodonosor II puso su atención en Judá, imponiendo un tributo y llevando a cabo la primera deportación en ese mismo año. Sin embargo, tras tres años de sometimiento, Joacín se rebeló (2 R. 24:1-7), desencadenando consecuencias significativas para el reino.

Tras el fallecimiento de Joacín, Joaquín asumió el liderazgo de un reino ya debilitado (2 R. 24:8-17). En este contexto, profetas como Jeremías (Jer. 1:3) persistían en su llamado al arrepentimiento, aunque sin éxito. Joaquín, cuyo reinado no fue nada virtuoso, se vio obligado a afrontar las repercusiones de la insurrección de su predecesor. Su gobierno fue efímero (tres meses), ya que las fuerzas de Nabucodonosor II sitiaron Jerusalén. Este asedio desembocó en la segunda deportación en el año 597 a.C. El profeta Ezequiel fue uno de los deportados.

Con la deposición de Joaquín y su exilio a Babilonia (2 R. 24:15), Sedequías fue entronizado (2 R. 24:18-20). Siguiendo el ejemplo de sus predecesores, también desafió la autoridad babilónica, lo que provocó la ira divina. En respuesta, Nabucodonosor II ordenó la devastación de Jerusalén y su templo en el año 586 a.C., los valiosos tesoros fueron trasladados a Babilonia. Gedalías fue designado para gobernar sobre los sobrevivientes, en las ruinas de lo que había sido una majestuosa ciudad; sin embargo, en un acto de extrema obstinación, fue asesinado junto con las tropas babilónicas que lo acompañaban (2 R. 25:22-26). Este trágico giro impulsó al pueblo a huir hacia Egipto, temiendo represalias. De esta manera, comienza una de las páginas más tristes del pueblo de Israel, la deportación.

El periodo de 70 años

El libro de Daniel nos introduce en la primera deportación a Babilonia, marcando el comienzo de un prolongado exilio (Dn. 1:1-3). Según las profecías de Jeremías, este castigo divino duraría 70 años (Jr. 25:11). Durante esta diáspora, contamos únicamente con dos fuentes primarias: los libros de Daniel y Ester. A través de estos textos, se revela la intención de Dios, el plan para su pueblo durante esos tiempos de adversidad. Para comprender a fondo esta etapa, es esencial analizar los datos cronológicos que estos escritos sagrados nos ofrecen. Iniciemos con el libro de Daniel.

Para determinar la edad de Daniel al llegar a Babilonia y la duración de su vida, es crucial considerar dos fechas claves proporcionadas por el libro: La primera corresponde al año de la deportación, 605 a.C. (Dn. 1:2). La última mención cronológica es el año 536 a.C. (Dn. 10:1), tres años después de la conquista babilónica por Ciro. Teniendo en cuenta que entre ambas fechas transcurren 69 años, y añadiendo a esto el tiempo que Daniel vivió en Judá (18 años, presumiblemente), en el año 536 a.C. Daniel contaría con 87 años. Por lo tanto, se puede inferir que Daniel vivió más de 87 años, pasando sus primeros 18 en Judá.

El libro de Daniel concluye destacando la figura del rey Ciro, cuya relevancia es decisiva en la historia judía. Fue él quien promulgó el edicto (Ed. 1:1-4) que autorizaba el retorno de los judíos a su tierra natal en el 538 a.C. No obstante, debido a diversos contratiempos, fue necesario reafirmar dicho decreto (Ed. 6:1-12) en el 520 a.C. bajo el mandato de Darío I (522-485 a.C.). Posteriormente, se emitió un tercer decreto (Ed. 7:12-26) en el 457 a.C., facilitando la reconstrucción de Jerusalén.

Ahora bien, la trama del libro de Ester se desarrolla durante el reinado de Asuero, también conocido como Jerjes. Estos eventos nos permiten contextualizar con precisión la narrativa de Ester entre el segundo y tercer decreto. Así, Ester actúa como un nexo entre Daniel y Esdras/Nehemías, crea las bases para la reconstrucción.[3] Habiendo establecido este punto, debemos concentrarnos en la cronología interna.

Cronología interna del libro

El libro de Ester narra eventos que transcurren a lo largo de una década, desde el 483 a.C. (Est. 1:3) hasta el 473 a.C. (Est. 3:7). La narrativa inicia con la descripción de un fastuoso banquete ofrecido por el rey a sus dignatarios, seguido por la instauración de una fecha por Amán para llevar a cabo su plan de exterminio contra los judíos. Este último evento marca el punto final en la línea temporal proporcionada por el autor.

Todo comienza con una opulenta celebración organizada por el rey Asuero, dirigida tanto a la alta nobleza como al pueblo, en el tercer año de su reinado (483 a.C.). Existe un consenso entre los comentaristas de que esta celebración, dada su proximidad temporal con la campaña militar contra Grecia (480 a.C.), buscaba convocar a los funcionarios persas en la capital. Si esto es cierto, a lo largo de seis meses, cada noble tuvo la oportunidad de exponer ante el rey los progresos alcanzados en la preparación de la invasión. Por tanto, la festividad no era meramente social, sino que constituía una etapa crucial de planificación estratégica y logística para la guerra.

---

[3] William H. Shea, *Daniel: Una guía para el estudioso* (Buenos Aires, Argentina: ACES, 2010), 154.

El siguiente hito cronológico se refiere al ascenso de Ester al trono (Est. 2:16), esto ocurre tras el fracaso de la campaña militar contra Grecia, específicamente en el año 479 a.C. Ante un emperador desmoralizado por el revés bélico, sus consejeros idearon un evento de gran envergadura para seleccionar una nueva reina. Este concurso real captó la atención de todo el imperio, para muchos representó una oportunidad inigualable de mejorar su estatus social.

En un giro dramático de la narrativa, aunque la coronación de Ester parecía augurar un cambio favorable para los judíos, el relato bíblico introduce a Amán. Descrito como uno de los príncipes más influyentes del imperio, Amán albergaba un profundo rencor hacia Mardoqueo (tío de Ester) y su pueblo. La estima que Mardoqueo recibía opacaba la supuesta grandeza de Amán, lo que lo llevó a concebir un siniestro plan para aniquilar a los judíos. El plan se concretó y se promulgó en el primer mes del año 474 a.C. (Est. 3:12), pero su ejecución estaba prevista para 12 meses después (Est. 3:13-15). Esta marca es el último punto temporal que el libro ofrece, los siguientes capítulos (4-10) se desarrollan dentro de ese año (473 a.C.).

Estructura literaria

Identificar la estructura literaria de un libro es un paso crucial, uno de los primeros en el análisis exegético. Este proceso implica discernir cómo el autor inspirado organizó su mensaje. Comprender la arquitectura de un texto bíblico es, con frecuencia, equivalente a poseer la clave para la interpretación. Por este motivo, desentrañar el método empleado por el autor para conferir cohesión, énfasis y orden a su obra, representa una tarea meticulosa y exigente.

Según nuestra comprensión, el libro de Ester está dispuesto en forma de quiasmo. Un "quiasmo es una estructura en la que la primera sección guarda una correspondencia con la última sección, la segunda con la penúltima, la tercera con la antepenúltima, etcétera. Puede tener un vértice sencillo o un vértice doble en el centro".[4] En este tipo de estructura, el centro es el corazón del libro y, por tanto, el mensaje que el autor desea compartir.

A. Gloria del rey/Banquete real (Est. 1).
  B. Judío en el trono del reino Medopersa (Est. 2:1-18).
    C. Conspiración contra el rey/judíos (Est. 2:19-3).
      D. Los judíos de luto (Est. 4:1-6).
        E. Ester pide ayuda a Dios (Est. 4:7-17).
      D'. Amán victorioso (Est. 5).
    C'. Conspiración contra el rey/judíos (Est. 6-8).
  B'. Judío en el trono del reino Medopersa (Est. 9:1-15).
A'. Purim/Gloria de Mardoqueo (Est. 9:16-32; 10).

El corazón del quiasmo lo constituye la súplica de Mardoqueo a su hija para que interceda por su gente, lo que desencadena la decisiva actuación de la reina judía. Este mensaje central, según el autor, debía resonar profundamente en la conciencia de los lectores. No solo hemos incorporado el quiasmo, también tablas que facilitan la comprensión de cómo las secciones paralelas se entrelazan temáticamente.

---

[4] Ekkehardt Müller, "Pautas para la interpretación de las Escrituras", en *Entender las Sagradas Escrituras: El enfoque adventista*, ed. George W. Reid (Florida: APIA, 2009), 147.

Tabla 1: Elementos comparativos		
SECCIÓN A		
Elementos	1	9:16-32;10
Se establece el poder de Asuero/Mardoqueo	1:1-2	10:1-3
Se realiza una festividad	1:3-12	9:16-19
Se emiten decretos	1:13-22	9:20-32

Tabla 2: Elementos comparativos		
SECCIÓN B		
Elementos	2:1-18	9:1-15
Se ejecuta un decreto	2:8	9:1
Dios hace que aumente la influencia de los judíos	2:17	9:2-4
Asuero concede peticiones	2:18	9:12-15

Tabla 3: Elementos comparativos		
SECCIÓN C		
Elementos	2:19-3	6-8
Conspiración contra el rey	2:19-23	6
Conspiración contra los judíos	3:1-6	7
Decreto	3:9-15	8

Tabla 4: Elementos comparativos		
SECCIÓN D		
Elementos	4:1-6	5
Estado anímico	4:1	5:9-14
Acceso al rey	4:2	5:8
Contraste de vestido	4:3	5:1

Conclusión

La exploración de los temas introductorios al libro bíblico ha sido una jornada enriquecedora que nos ha permitido profundizar en la escncia y el trasfondo de este texto sagrado. Analizando la identidad del autor y viajando a lo largo de los siglos, hemos podido situar, aproximadamente, la fecha de su composición. Además, los destinatarios originales, aunque distantes en el tiempo, comparten con nosotros las mismas inquietudes espirituales, estableciendo así una conexión atemporal con ellos.

Por otro lado, el contexto histórico sirvió como telón de fondo para comprender mejor las circunstancias y los desafíos que enfrentaron los personajes dentro de la narrativa. Asimismo, la temporalidad interna del libro nos ha guiado a través de su desarrollo temático/cronológico. Por último, la estructura literaria, que no solo ha demostrado ser una obra maestra de la literatura antigua, sino que también ha funcionado como un vehículo para transmitir mensajes eternos, contribuye a un entendimiento más completo de este libro bíblico, permitiéndonos apreciar su valor tanto en el pasado como en el presente.

Bibliografía

Foster, Benjamin y Karen Foster. *Las civilizaciones antiguas de Mesopotamia*. Traducido por Silvia Furió. Barcelona, España: Crítica, 2011.

Müller, Ekkehardt. "Pautas para la interpretación de las Escrituras". En *Entender las Sagradas Escrituras: El enfoque adventista*, editado por George W. Reid, 147. Florida: APIA, 2009.

Shea, William H. *Daniel: Una guía para el estudioso*. Buenos Aires, Argentina: ACES, 2010.

Capítulo 2: Ester en la historia de la salvación

Introducción

La inesperada reacción divina (salvar a la humanidad) tomó por sorpresa al líder de los demonios. Interpretando la profecía de Génesis 3:15, comprendió que Dios no abandonaría a los humanos a su suerte. En esencia, dedujo que entre los condenados surgiría un descendiente que lo destruiría. Por lo tanto, Satanás concluyó que su estrategia debía enfocarse en un objetivo crucial: Evitar que esta profecía se cumpliera a cualquier costo.

Esta premisa es la base de una lucha encarnizada que se desarrolla a lo largo de la Biblia, enfrentando a dos poderes opuestos. Por un lado, Dios, el arquitecto del plan de salvación, trabaja incansablemente para llevar a cabo su proyecto redentor; por otro, Satanás, el gran adversario, hace todo lo posible por obstruirlo. A pesar de que esta idea es ampliamente aceptada, muchos lectores de las Escrituras encuentran difícil percibir cómo este conflicto se entrelaza con la vida diaria de los personajes bíblicos; es decir, no encuentran la historia dentro de la historia (metanarrativa).

La cuestión que buscamos resolver en esta lección es: ¿Qué rol juega el libro de Ester en la historia de la salvación? Para responder esta pregunta, es necesario realizar un recorrido cronológico por el Antiguo Testamento. Solo al comprender el contexto más amplio, la metanarrativa desde una perspectiva divina, podremos apreciar plenamente la contribución del libro de Ester al gran drama cósmico.

Pentateuco

Adán y Eva, al ser expulsados del Edén, no solo dejaron atrás la presencia tangible de Dios, sino también su hogar primigenio. Sin embargo, no partieron desamparados, las vestiduras que Dios les otorgó eran más que simples prendas: eran un emblema del pacto divino. Estas ropas eran un testimonio palpable de la inquebrantable lealtad de Dios, encapsulando la promesa del plan de salvación. A través de la reflexión en el sacrificio realizado por ellos, Adán y Eva comenzarían a comprender con mayor profundidad el significado de la redención humana.[1]

El primer homicida

En vista de ello, el Señor consideró esencial que los hombres contaran con un recordatorio constante del pacto establecido; para alcanzar este fin, solicitó que lo emularan. La renovación del pacto se efectuaba a través de sacrificios sistemáticos. Esta práctica no constituía un misterio para Satanás, él comprendía que la supervivencia de la pareja se debía al sacrificio de un animal.[2] Este animal, simbolizaba el medio por el cual la humanidad alcanzaría la salvación. Por ende, su objetivo se centró en distorsionar el simbolismo y desviar a la humanidad de tal verdad. No obstante, enfrentaba un dilema mayor: de la mujer surgiría aquel que lo destruiría.

---

[1] Arturo Collins, *Estudios Bíblicos ELA: Así comenzó todo (Génesis)* (Puebla, México: Ediciones Las Américas, 1992), 19.

[2] Estos dos elementos (la simiente de la mujer y la muerte del cordero) sirvieron como base para establecer una idea, por lo menos general, del plan de la salvación. Es evidente, ya desde Génesis, que los patriarcas tenían un conocimiento más acabado del que se revela.

Cuando nacieron los hijos de la pareja primitiva, examinó minuciosamente a ambos. Con el paso del tiempo, concluyó que Caín no era la descendencia prometida. Abel se aproximaba más a dicho ideal, pues su naturaleza reflejaba virtudes divinas, evocando lo que el hombre representaba antes del pecado original. Sin embargo, surgía la cuestión: ¿cómo lograr su destrucción? Para abordar esta interrogante, es imperativo entender un aspecto fundamental de la narrativa. La historia se desarrolla en forma de quiasmo, cuyo eje central es el veredicto divino sobre el fratricida. Para entender el pasaje debemos seguir el ritmo de la estructura.

A. Los hijos de Adán y la adoración (Gn. 4:1-7).
   B. Muerte de un hombre (Gn. 4:8).
      C. Juicio de Dios (Gn. 4:9-15).
   B'. Muerte de dos hombres (Gn. 4:16-24).
A'. Los hijos de Adán y la adoración (Gn. 4:25-26).

En la sección A, se aborda el nacimiento de los hijos de Adán y cómo asumieron el plan de la salvación. En este punto, el enemigo se encontró con un obstáculo: no podía matar directamente. ¿Cómo lo sabemos? El simple hecho de que no lo intentó es prueba suficiente, su única opción era enfrentar a los hermanos entre sí. Para lograrlo recurrió al mismo plan que había funcionado previamente: distorsionar la imagen de Dios. Aunque en ese momento la alteración del sistema de sacrificios no era primordial, vio la oportunidad de incitar a Caín a presentar una ofrenda que Dios no requería. Consciente de que no la aprobaría, el enemigo buscaba acentuar las diferencias entre los hermanos mediante este movimiento.

La sección B revela que todo transcurrió según la influencia del enemigo. Dios no aceptó la ofrenda de Caín y solo consumió, como señal de aprobación, la ofrenda de su hermano. La ira del primogénito fue confrontada por Dios, quien conocía a la perfección lo que estaba ocurriendo y le brindó consejo. Sin embargo, las insidias del enemigo prevalecieron. Caín, al igual que el diablo, premeditó su plan, condujo a su hermano a un lugar solitario y allí lo asesinó.

La sección C describe como Dios enfrentó la transgresión. Al igual que con sus padres, llevó a cabo un juicio que constó de dos partes: una investigación y una sentencia. Todo parecía indicar que Satanás había prevalecido: Abel estaba muerto y Caín expulsado. La simiente estaba en peligro y, aparentemente, el plan de Dios había fracasado. La sección B' nos permite observar cómo la poligamia deformó el matrimonio original y cómo el homicidio, inicialmente inaudito, comenzó a ganar fuerza. La simiente del diablo se estaba formando, su reino de terror se alzaba como una señal de poderío.

Es en este momento que entra en juego la sección A'. El escritor nos proporciona un indicador lingüístico al mencionar que "Adán conoció de nuevo a su mujer", lo cual conecta con el primer verso de la narrativa. Dios concede un nuevo hijo a la pareja y, además, recalca que la verdadera adoración, expresada a través de los sacrificios, no ha sido destruida. De esta manera, se reafirman los dos aspectos fundamentales del plan de la salvación: la simiente y el culto tipológico. Aquí, los dos enemigos cósmicos establecen una dinámica que se mantendrá a lo largo de la Biblia: Dios trabajará incansablemente para construir un pueblo y una adoración verdadera, mientras que Satanás intentará por todos los medios frustrar ese plan.

En última instancia, la narrativa de Caín y Abel se origina en la promesa mesiánica. En ella, se retoman conceptos como el sacrificio, las dos simientes y la adoración. Esta historia representa el contraataque del diablo para desmantelar el medio de salvación que Dios estableció en el juicio edénico. Además, describe cómo, en la primera generación, se manifiestan los efectos del pecado. El egoísmo, el asesinato, la poligamia, la mentira y la injusticia se vuelven naturales, mientras que la percepción de Dios se desdibuja en la conciencia humana. Sin embargo, el Creador no permanece pasivo, la esperanza no muere con Abel. Aunque la historia de la salvación estará repleta de mártires, estos mártires son héroes de la fe, formando una gran nube de testigos.

Los hijos de Dios y las hijas de los hombres

Satanás, aunque derrotado, logró un punto a su favor: la creación de su simiente. Dios había advertido que la simiente de la mujer mantendría una enemistad eterna con la de la serpiente (Gn. 3:15). Pero, ¿qué representaba exactamente la simiente de la serpiente? Con la corrupción de Caín, se inició la simiente de la serpiente, también conocida como los "hijos de los hombres". Por otro lado, con el nacimiento de Set, continuó la simiente de la mujer, los "hijos de Dios". Esto planteó un dilema para Satanás, ya que no podía simplemente instigar a un hermano a matar a otro.[3] ¿Cómo evitar el nacimiento del Salvador?

---

[3] Cuando a Satanás no le ha funcionado la persecución, siempre ha acudido a su segunda arma, contaminar. En este punto, es necesario que no seamos ingenuos. En realidad, Satanás sabe que la persecución fortalece a los fieles. Por este motivo, va alternando estas dos armas dentro y fuera del pueblo de Dios.

La opción más viable era corromper la simiente de la mujer. Si Dios había declarado enemistad entre las dos simientes, entonces debía derribarse la barrera que las separaba, mezclando ambas. La Biblia nos presenta este cuadro cuando dice: "Aconteció que cuando comenzaron los hombres a multiplicarse sobre la faz de la tierra y les nacieron hijas, al ver los hijos de Dios que las hijas de los hombres eran hermosas, tomaron para sí mujeres, escogiendo entre todas" (Gn. 6:1-2). Moisés expresa que la orden de mantener la separación de las dos simientes fue pasada por alto, comprometiendo así el plan de salvación. Dios no tuvo más remedio que sentenciarlos con un diluvio, pero les otorgó un período de gracia de 120 años.

A. Las generaciones de Adán (Gn. 5).
  B. Unión de la simiente/Casamientos (Gn. 6:1-8).
    C. Generaciones de Noé (Gn. 6:9-10)
      D. Noé antes del diluvio (Gn. 6:11-22).
        E. El juicio del diluvio (Gn. 7-8:1-14).
      D'. Noé después del diluvio (Gn. 8:15-22; 9).
    C'. Generaciones de Noé (Gn. 10).
  B'. Unión de la simiente/Babel (Gn. 11:1-9).
A'. Las generaciones de Sem (Gn. 11:10-26).

Como se observa en la sección B', la humanidad se rebela nuevamente contra Dios. Aunque el objetivo sigue siendo el mismo, fusionar las dos simientes, la táctica ha cambiado. Con este engaño, busca no solo mantener a la humanidad unida en un solo lugar, sino también ejercer control sobre la simiente de la mujer. La historia de Babel nos ofrece una perspectiva de cómo el adversario, tras el diluvio, persiste en su empeño; también del modo en que Dios lo vence.

Un hombre llamado Abraham

El Génesis establece que la genealogía mesiánica procede exclusivamente de Sem, uno de los hijos de Noé (Gn. 11:10-26). La narrativa se sumerge en la descendencia de Sem, enfocándose particularmente en Taré y, más específicamente, en uno de sus hijos: Abraham. De hecho, la totalidad del Génesis, a partir de ahí, se ve influenciada por la vida de este patriarca y su linaje. Es evidente que existe una macroestructura en el texto que gira alrededor del pacto divino hecho con Abraham.

Es crucial recordar que Abraham se convierte en el blanco de los ataques de Satanás, cuyo objetivo es impedir la realización de la promesa de redención. Las vicisitudes del padre de la fe deben interpretarse bajo esta luz. La narrativa tiene a Dios como su eje central, quien, de manera invariable, emerge triunfante frente a las maquinaciones del diablo.[4]

A. La familia de Abraham (Gn. 11:27-32).
  B. Llamado y promesa (Gn. 12:1-3).
    C. Peregrinación y negación de Sara (Gn. 12:4-20).
      D. Separación y liberación/Lot (Gn. 13-14).
        E. Promesa del hijo/Agar e Ismael (Gn. 15-16).
        F. El pacto (Gn. 17).
        E'. Promesa del hijo/Sara e Isaac (Gn. 18:1-15).
      D'. Separación y liberación/Lot (Gn. 18:16-33; 19).
    C'. Peregrinación y negación de Sara (Gn. 20).
  B'. Cumplimiento de la promesa (Gn. 21-22).
A'. La familia de Abraham (Gn. 23-50).

---

[4] Por muy irracional que parezca, el diablo no pelea para vencer, sabe que no tiene oportunidad. Él pelea para que la mayor cantidad de personas tengan su mismo destino.

El llamamiento de Abraham y las promesas divinas adquieren un significado profundo al comprender que la idolatría había corrompido nuevamente a la descendencia de Sem. Ante tal situación, que ponía en riesgo el plan divino, Dios optó por separar a Abraham de su familia. Las palabras de Josué son particularmente pertinentes en este contexto: "Así dice Jehová, el Dios de Israel: Vuestros padres habitaron antiguamente al otro lado del río, esto es, Taré, padre de Abraham y de Nacor, y servían a dioses extraños" (Jos. 24:2). Se hacía imprescindible extraer a un descendiente de Sem para asegurar la continuidad de la promesa. Por lo tanto, la directriz de partir hacia el desierto no fue arbitraria.

En la vida de Abraham observamos ciertos eventos recurrentes. Uno de estos es la negación de Sara como su esposa (sección C), un acto que más tarde repite con Abimelec (sección C'). Aunque esta narrativa puede interpretarse de diversas maneras, su esencia se entiende mejor desde la gran historia de la salvación. Si Sara caía en manos de otro hombre, no materializaría la promesa divina.

La propuesta de Sara de tener un hijo a través de su esclava es un punto crucial en nuestra discusión (sección E). Ante la desesperanza de no concebir, contempló la adopción como solución. Este acto humano, que parecía desafiar la profecía, fue corregido por Dios al reafirmar su promesa (sección E'), asegurando que el hijo sería de Sara. Es notable que muchas de las esposas de los patriarcas enfrentaron la esterilidad, lo que nos lleva a preguntarnos si era un fenómeno natural o una influencia maligna. Curiosamente, la esterilidad servía convenientemente a los intereses del adversario. Sin embargo, el miedo, la desesperación y la envidia, fueron las herramientas utilizadas para intentar sabotear los planes divinos.

En concreto, el pacto de Dios es el núcleo de la narrativa. A través de este pacto, el Creador busca establecer una relación con sus hijos. Observando detenidamente, tras la ratificación del pacto, Abraham fue invitado a revivir experiencias similares. Dios no solo persigue nuestra salvación, también anhela que crezcamos espiritualmente. A pesar de los errores reiterados del patriarca, continuó brindándole oportunidades. Podemos decir, sin dudas, que la prueba con Isaac fue su graduación (Gn. 22:12).

Judá y Tamar

El pasaje de Judá y Tamar en el libro de Génesis es una narrativa que, para algunos, parece interrumpir abruptamente la historia de José. Walvoord comenta que el "extraño suceso parece que a primera vista interfiere en la historia de José. Sin embargo, tiene un propósito significativo para Génesis, porque confirma el plan de Dios de elegir al hermano más joven para ponerlo sobre el mayor, a pesar de quienes trataran de impedirlo".[5] Esta interpretación puede ser objeto de debate.

Es crucial recordar que Judá es el patriarca que da origen a su tribu. Según el apóstol Juan, Jesús es referido como el león de la tribu de Judá (Ap. 5:5). En ese sentido, la reluctancia de los hijos de Judá a cumplir con la ley de levirato (Gn. 38:1-11) amenazaba la formación de la tribu y, por ende, la existencia futura del león de Judá. Consecuentemente, esta historia se entrelaza con la misión de José de una manera profunda y significativa.

---

[5] John Walvoord y Roy Zuck, *El conocimiento bíblico, un comentario expositivo: Antiguo Testamento, tomo 1: Génesis-Números* (Puebla, México: Ediciones Las Américas, 1996), 102.

La genealogía de Judá estaba en peligro de desaparecer por dos razones principales: la hambruna, que amenazaba con acabar con Judá/hermanos; y la maldad de sus hijos, que ponía en riesgo la continuidad de la línea mesiánica. En este contexto, la intervención divina se manifiesta de dos formas: enviando a José adelante para proveer durante la hambruna y utilizando a Tamar para preservar la genealogía. Así, la historia trasciende las figuras de Judá y Tamar.

Rut

La narrativa de Rut va más allá de ser una simple historia bonita. Para comprender verdaderamente este libro, debemos prestar atención al final, donde se menciona: "le pusieron por nombre Obed. Este fue el padre de Isaí, padre de David. Estas son las generaciones de Fares: Fares engendró a Hezrón, Hezrón engendró a Ram, y Ram engendró a Aminadab, Aminadab engendró a Naasón, y Naasón engendró a Salmón, Salmón engendró a Booz, y Booz engendró a Obed, Obed engendró a Isaí, e Isaí engendró a David" (Rt 4:17-22). ¿Qué significado tiene esta genealogía?

Esta evidencia continúa fortaleciendo nuestro argumento principal. El escritor bíblico nos revela que Obed, hijo de Rut y Booz, es el antepasado directo de David. Y como bien sabemos, el rey David es uno de los ancestros de Jesús, todo está conectado. Así que, en esencia, todo el libro de Rut enfatiza un punto crucial: Satanás intentó destruir la familia de Noemí (Rt 1:1-5), ya que esta era la conexión directa con el Mesías.[6]

---

[6] Gary Williams, *Estudios Bíblicos ELA: Dios permanece fiel (Jueces y Rut)* (Puebla, México: Ediciones Las Américas, 1995), 119.

Daniel

Siguiendo la misma línea, el conflicto se extiende hasta los escritos proféticos. Los profetas, investidos con un ministerio divino, tenían la responsabilidad de guiar al pueblo de regreso al camino de Dios. Las consecuencias de no cumplir con esta misión eran graves para la nación, Satanás estaba plenamente consciente de ello. Con esta información en mente, su estrategia se centró en un único objetivo: incitar a la nación a rebelarse contra Dios.

Encontramos que muchos eslabones de la cadena histórica, incluyendo reyes y líderes, se vieron envueltos en la más pura maldad. Los pecados de aquellos que debían ser los guardianes de la verdad quedaron claramente reflejados en los relatos bíblicos. Por este motivo, la tribu de Judá, el último bastión de la verdadera fe, al igual que Israel, fue llevado al exilio. Durante este período de deportación, los fieles tuvieron que enfrentarse a numerosas tentaciones y decretos de muerte. Debemos entender estos decretos a la luz del Gran Conflicto, Satanás sabía que el Mesías vendría de Judá.

Un momento crucial en el libro de Daniel subraya esta tesis, la narrativa de los tres jóvenes hebreos (Dn. 3). Hacer caer a estos jóvenes significaba poner en peligro a todo el pueblo que ellos representaban. Si los caldeos tenían éxito, no solo acabarían con Jananías, Misael y Azarías, sino también con una parte significativa de Judá. Una vez más, vemos al diablo intentando exterminar a la nación de la cual surgiría el Mesías. Esta historia no se limita a la vida de tres hombres, es una historia que afecta el futuro de toda la humanidad. Al observar la genealogía de Jesús, descubrimos que sus ancestros (la realeza de Judá) estaban en Babilonia durante estos acontecimientos (Mt. 1:11).

Ester

Es claro que el libro de Ester sigue revelando la persistente hostilidad del adversario. En este episodio, se vale de un prominente oficial de la corte de Asuero para proponer al monarca un edicto que condena a muerte al pueblo de Dios. Lejos de ser una mera crónica folclórica de los sucesos acaecidos a los exiliados, o una explicación de la Fiesta del Purim, el libro despliega como Dios sigue enfrentándose a aquellos que se oponen a la salvación.

El libro de Ester inicia delineando los vastos dominios del rey Asuero. Aunque podría parecer que el autor busca ensalzar la figura regia, la realidad es otra. La narrativa sobre la amplitud del reino pretende ilustrar a los lectores el alcance que podían tener las decisiones del monarca. Es decir, una vez proclamado un edicto, siempre inalterable, la seguridad de todos pendía de un hilo. Adicionalmente, esta descripción subraya la universalidad del rescate divino.

A pesar de que un contingente de judíos había retornado a su tierra natal, su seguridad aún estaba comprometida. En la corte real, existían adversarios que, desde distintas perspectivas, buscaban inhabilitar el propósito divino. Estos individuos eran peones en manos del maligno, meras marionetas movidas por ambiciones terrenales.[7] No obstante, en cada palacio, donde se conciben estrategias que repercuten en el destino de la humanidad, Dios ha colocado a sus elegidos. Personajes como José, Daniel, Mardoqueo y Ester, representan a aquellos que han sido designados para cumplir esa función.

---

[7] Carroll Gillis, *El Antiguo Testamento: Un Comentario sobre su Historia y Literatura, Tomos I-V, vol. 5* (El Paso, TX: Casa Bautista De Publicaciones, 1991), 158.

Conclusión

Si bien es posible examinar cada libro de la Biblia para descubrir cómo se revela el asedio contra el Mesías, las historias seleccionadas son particularmente esclarecedoras. A través de ellas, el Señor nos invita a comprender sus juicios, incluso los más complejos, con propósito y significado: La preferencia por la ofrenda de Abel no fue un acto de favoritismo, sino que la de Caín no simbolizaba la ratificación del pacto; la intención divina no era aniquilar a la humanidad, sino conservar la pureza de la simiente santa; el envío del patriarca al desierto no fue un mero capricho, sino una respuesta a la corrupción de las urbes. Todo esto nos permite ver la Biblia desde la perspectiva Divina.

Bibliografía

Collins, Arturo. *Estudios Bíblicos ELA: Así comenzó todo (Génesis)*. Puebla, México: Ediciones Las Américas, 1992.

Gillis, Carroll. *El Antiguo Testamento: Un Comentario sobre su Historia y Literatura, Tomos I-V, vol. 5*. El Paso, TX: Casa Bautista De Publicaciones, 1991.

Williams, Gary. *Estudios Bíblicos ELA: Dios permanece fiel (Jueces y Rut)*. Puebla, México: Ediciones Las Américas, 1995.

Walvoord, John y Roy Zuck. *El conocimiento bíblico, un comentario expositivo: Antiguo Testamento, tomo 1: Génesis-Números*. Puebla, México: Ediciones Las Américas, 1996.

Capítulo 3: Larga vida a la reina

Introducción

En este momento desentrañaremos los entresijos de los dos primeros capítulos. A través de un análisis detallado descubriremos cómo el autor nos transporta hábilmente a un universo de esplendor e intrigas palaciegas. Desde este primer encuentro, se revelan los personajes que serán nuestros compañeros de viaje a lo largo del libro.

Por otro lado, los elementos narrativos adquieren un significado profundo, al percatarnos de la intención central de la obra: Inspirar a las generaciones aún dispersas a depositar su fe en Dios y a emprender el regreso a su patria, el único refugio seguro para ellos. En estos capítulos iniciales se plantea una interrogante: ¿Depositaremos nuestra confianza en el rey Asuero o en Jehová?

El reino medopersa (Ester 1)

Al inicio de nuestra investigación, abordaremos temas claves que emergen en el primer capítulo, los cuales son esenciales para la comprensión plena del libro. Iniciaremos con un examen de la estructura literaria, desvelando su armazón y cómo contribuye al desarrollo del relato. Posteriormente, delinearemos el mecanismo de gobierno persa, ilustrado vívidamente a través de sus funcionarios. Para concluir, reflexionaremos sobre el papel y la influencia de los edictos en el contexto de la narrativa.

Estructura literaria

A. Extensión del reino persa (Est. 1:1-2).
   B. Un banquete para los líderes/pueblo (Est. 1:3-9).
      C. El rey ordena la presencia de Vasti (Est. 1:10-12).
   B'. Un edicto para líderes/pueblo (Est. 1:13-20).
A'. Extensión del reino persa (Est. 1:21-22).

El rey Asuero en la historia y en la Biblia

Jerjes I, monarca del vasto Imperio aqueménida, es recordado en la historia occidental principalmente por su ambiciosa, pero infructuosa, campaña contra Grecia en el año 480 a.C. Elegido por Darío I sobre su hermano mayor, heredó un imperio diverso y reprimió rebeliones en Egipto y Babilonia para consolidar su poder. Además, intentó conquistar Grecia para vengar la revuelta jónica y castigar a Atenas, cruzando el Helesponto con un ejército masivo. Aunque victorioso en las Termópilas y Artemisio, y tras saquear Atenas, fue derrotado en Salamina, lo que le hizo retirarse a Asia, dejando a Mardonio a cargo. Por su parte, Mardonio perdió en Platea, terminando la invasión. De vuelta en Persia, emprendió grandes proyectos arquitectónicos y fue asesinado en 465 a.C., sucedido por Artajerjes I.

Aunque el retrato que los cronistas pintan del rey es más o menos favorable, la narrativa bíblica ofrece una perspectiva más crítica. Inicialmente, se le describe como un gobernante imponente y poderoso (Est. 1:1-3), pero a medida que se desarrolla la historia se revela que era susceptible a los excesos y a la influencia de su círculo cercano. Bajo la influencia del vino, tomó decisiones precipitadas: destituyó a la reina Vasti, mostró generosidad hacia sus súbditos (Est. 2:18) y sentenció a Amán (Est. 7:10).

32

Una lectura atenta sugiere que el destino del reino pendía de un hilo, sujeto a los caprichos de un monarca volátil. La historia fluctúa entre momentos de júbilo (Est. 1:3-12) y decisiones drásticas, como la remoción de una reina (Est. 1:13-22) o, en un giro aún más sombrío, el edicto para la aniquilación de un pueblo entero (Est. 3:8-9). Lo que a primera vista era un glamuroso imperio, internamente era todo lo contrario.

Los funcionarios de la corte

En la opulenta corte de Jerjes I, el esplendor y la complejidad del imperio se reflejaban en su estructura social y política. Los príncipes, miembros de la distinguida familia real, ostentaban su linaje con orgullo y desempeñaban roles ceremoniales y administrativos claves. Las satrapías, las provincias que formaban el vasto imperio, eran gobernadas por los sátrapas, quienes eran nombrados directamente por el rey y tenían la tarea de mantener el orden, recaudar tributos y supervisar la administración local.

Los cortesanos, por su parte, eran los nobles que habitaban los palacios y servían al rey como consejeros, diplomáticos y militares. Estos nobles disfrutaban de un estatus privilegiado y tenían acceso directo al monarca, influyendo en las decisiones de la corte y, por ende, del imperio. Este entramado de relaciones y jerarquías aseguraba que la corte de Jerjes fuera un centro de poder y decisión, donde la lealtad y la competencia entre los nobles jugaban un papel fundamental en la dinámica del gobierno. En ese sentido, podemos decir, para hacer una analogía, que las cortes persas eran muy parecidas a las medievales. Los juegos de poder eran parte de lo cotidiano.

Los sabios eran figuras de gran estima y respeto, considerados custodios del conocimiento y la tradición. Eran individuos profundamente versados en las ciencias de su tiempo, desempeñando un papel crucial en la interpretación de los fenómenos naturales y los textos sagrados (Dn. 2:1-5). Su sabiduría no solo abarcaba el entendimiento del cosmos según los principios de la astronomía y la matemática antigua, sino que también incluía una comprensión profunda de la religión predominante del imperio.

Estos eruditos aconsejaban al rey en asuntos de estado y ceremonias religiosas, asegurando que las decisiones regias estuvieran alineadas con las leyes divinas y los auspicios celestiales (Est. 1:13-20). Su influencia se extendía más allá de los muros del palacio, ya que sus consejos eran buscados por gobernadores y militares para garantizar el favor de los dioses en sus empresas. Por esto, la presencia de los sabios en la corte no solo reforzaba la autoridad de Jerjes, sino que también servía como un puente entre el poder terrenal y el orden divino.

Por otro lado, los eunucos eran más que sirvientes, ocupaban roles cruciales en la jerarquía social y política. Castrados desde jóvenes, tenían acceso exclusivo a áreas privadas de la corte, como los aposentos reales y las habitaciones femeninas (Est. 2:14). Su lealtad y confianza les permitían influir en el rey y actuar como intermediarios en la comunicación de órdenes. También desempeñaban funciones en la diplomacia y administración (Hch. 8:26-40), organizando eventos estatales. Algunos, por su astucia y habilidad, asumían roles de consejeros (Est. 2:15) del rey y llegaban a posiciones de poder, influyendo en decisiones políticas. En resumen, su existencia era vital para la estabilidad y eficiencia del imperio.

La ciudad de Susa

Susa, situada actualmente en la ciudad de Shush en Irán, fue históricamente la entrada de Asia a Mesopotamia. Su estratégica ubicación fomentó su prosperidad, pero también atrajo la codicia imperial.[1] Con las conquistas de Ciro el Grande, Susa experimentó un cambio drástico, convirtiéndose en una de las capitales junto a Persépolis, Ecbatana y Ctesifón.[2] Según el libro bíblico de Ester, Susa era considerada una capital del imperio persa.

El relato de Ester se inicia con un fastuoso banquete que se extendió durante seis meses, un despliegue sin precedentes de la magnificencia persa ante sus 127 provincias. La escena se ambienta con vasijas de oro y un generoso flujo de vino, símbolo de una riqueza sin límites. Este preludio dio paso a un festín de siete días, inmerso en un ambiente de esplendor y con una provisión inagotable de vino. De forma simultánea, se llevó a cabo un ágape exclusivo para las mujeres de la nobleza, honrando así a las damas de la corte.

Para dimensionar la grandiosidad de estos eventos, el historiador Ctesias nos informa que el reino acogía aproximadamente a 15.000 invitados diarios. Si bien eso se hacía en tiempos normales, es evidente que esta referencia nos permite vislumbrar la escala monumental de las celebraciones en aquellos días festivos.[3] Asuero no escatimó en gastos para agasajar a sus invitados.

---

[1] Alfonso Lockward, *Nuevo diccionario de la Biblia* (Miami: Unilit, 1999), 984.

[2] Charles F. Pfeiffer, *Diccionario bíblico arqueológico* (El Paso, Texas: Mundo Hispano, 2002), 641.

[3] Merling Alomía, *Daniel: El profeta Mesiánico II* (Perú: Universidad Peruana Unión, 2008), 129.

La narrativa bíblica nos indica que el esplendor de los banquetes tenía como fin cautivar tanto a los dignatarios como al pueblo (Est. 1:4). Pero, ¿cuál era el trasfondo de tal magnificencia por parte de Asuero? Se han planteado diversas teorías al respecto. Algunas apuntan a un paralelismo con Nabucodonosor, reflejando un profundo orgullo por sus logros (Dn. 4:30). Otros analistas sugieren que el monarca buscaba ganarse el apoyo de sus gobernadores para la inminente campaña militar contra Grecia en el año 480 a.C. Además, hay quienes interpretan que deslumbrar a la población era una estrategia para asegurar su lealtad. Y no faltan aquellos que simplemente ven en el rey un entusiasta de la grandiosidad. Es probable que estas perspectivas estén interconectadas, formando un complejo tapiz de intenciones.

Los decretos

El libro de Daniel nos ofrece una comprensión detallada sobre la mecánica de los decretos en el imperio persa (Dn. 6:15). En este primer capítulo de Ester, el autor asigna una atención considerable a dos temas fundamentales. El primero detalla el proceso de toma de decisiones, resaltando el rol crucial de los consejeros. Posteriormente, el texto nos guía a través de las repercusiones que un solo decreto puede tener sobre el imperio. Estos conceptos son esenciales para establecer la base de la trama, donde la influencia de Amán como consejero, y las consecuencias de sus decisiones, se convierten en el eje central para la comunidad judía.[4]

---

[4] Podemos decir que el escritor, desde el capítulo uno, está preparando a la audiencia para el giro de la historia. Lo que parecía algo que no tenía que ver con ellos, se convirtió en su pesadilla.

El mensaje para los deportados

El mensaje del autor de Ester a los exiliados es claro: "Son judíos, no persas". Es importante recordar que la generación a la que se dirige el texto sagrado nació en el exilio babilónico. El objetivo del autor es motivarlos a retornar a Jerusalén y cumplir con la voluntad divina. Sin embargo, estos judíos no mostraban apego por su tierra ancestral y consideraban al rey Asuero como su soberano legítimo. Muchos de ellos habían establecido negocios florecientes, dedicando años de esfuerzo y capital. Por lo tanto, la idea de abandonar sus logros para regresar a Jerusalén les resultaba poco atractiva.

El capítulo inicial del libro de Ester transmite un mensaje inequívoco, es esencial ejercer prudencia respecto a los monarcas persas: "Asuero, en particular, muestra una susceptibilidad a la influencia cuando está bajo los efectos del alcohol. Sus asesores tienen la capacidad de persuadirlo para que promulgue edictos, que podrían afectar incluso a una reina. ¿Cómo pueden estar seguros de que no se volverá en su contra? La riqueza que han acumulado es extremadamente frágil, un mero mandato del rey podría despojarlos de todo".

Con frecuencia, los cristianos replican el comportamiento de los judíos. Invertimos esfuerzos y recursos en una tierra que no consideramos definitivamente nuestra y, aun así, nuestra estabilidad es precaria. Estamos dispuestos a realizar sacrificios por beneficios materiales, pero raramente mostramos igual fervor hacia lo espiritual. Los judíos tenían la intención de florecer en Babilonia, pero no de restaurar su ciudad y templo; de manera similar, buscamos el éxito en este mundo, pero no mostramos el mismo deseo de edificar el reino celestial. Aunque las épocas cambian, la disyuntiva permanece constante.

Ester en el trono (Ester 2:1-18)

El narrador ya ha desplegado ante nosotros el reino y nos ha introducido a los personajes de esta historia. Sin embargo, aún faltan los protagonistas. Presentarlos es el propósito que subyace en el segundo capítulo del libro de Ester. Con este enfoque, dedicaremos esta sección a examinar temas vinculados con dicho capítulo.

Estructura literaria

A. Vasti es recordada (Est. 2:1-4).
   B. Mardoqueo/Ester (Est. 2:5-7).
      C. Decreto real ejecutado (Est. 2:8-9).
         D. Secreto de Ester (Est. 2:10-11).
      C'. Decreto real ejecutado (Est. 2:12-14).
   B'. Mardoqueo/Ester (Est. 2:15-16).
A'. Vasti sustituida (Est. 2:17-18).

La vida de los deportados

Durante la deportación, los judíos lograron adaptarse y prosperar en el exilio, estableciendo negocios que les permitieron generar bienes y riquezas. A pesar de las adversidades, muchos de ellos mostraron una notable resiliencia y habilidad para el comercio, lo que los llevó a acumular fortunas significativas. Esta prosperidad económica les abrió puertas a esferas de influencia más amplias, permitiéndoles, incluso, participar en la política de los imperios.[5]

---

[5] Richard E. Higginson, "Dispersión", en *Diccionario de Teología*, ed. Everett F. Harrison, Geoffrey W. Bromiley y Carl F. H. Henry (Grand Rapids, MI: Libros Desafío, 2006), 187.

Algunos judíos destacaron por su astucia y capacidad de liderazgo, ocupando cargos importantes y contribuyendo al funcionamiento administrativo. Su éxito no solo reflejaba su tenacidad personal, sino también la flexibilidad de la sociedad babilónica y persa para integrar a los extranjeros. La presencia judía en posiciones de poder demostraba una sustancial integración y aceptación en el tejido social y político del exilio. En definitiva, la deportación no impidió que los judíos encontraran caminos hacia la prosperidad.

Ester asciende al trono

Ester, cuyo destino se entrelazó con la historia de su pueblo en el exilio, nació en tierras lejanas a su hogar ancestral. Huérfana desde una edad temprana, encontró consuelo y guía en su primo Mardoqueo, quien la crio como si fuera su propia hija. En un giro dramático, Ester se vio obligada a ocultar su nacionalidad judía, una máscara que llevó con astucia.

Aunque esto puede parecer a primera vista muy inspirador, este escenario plantea dilemas significativos. Por una parte, si Mardoqueo y Ester ocultaban su identidad a los persas, es improbable que mantuvieran un hogar conforme a las leyes de Moisés y los preceptos mosaicos. La observancia estricta de las leyes dietéticas judías, por ejemplo, habría revelado su identidad sin demora. Además, si Ester hubiese ejercido su fe durante el año de preparativo (2:12), o a lo largo de los cuatro años de su reinado, habría sido imposible mantener su identidad vedada.[6] En otras palabras, ellos no solo ocultaban que eran judíos, vivían como paganos.

---

[6] Warren W. Wiersbe, *Ser comprometidos: Rut y Ester* (Colorado Springs, USA: David C. Cook, 2008), 67-68.

El ascenso de Ester al poder es una historia de como eventos aparentemente menores pueden tener un impacto mundial. La decisión de Vasti, la reina anterior, de desobedecer al rey Asuero, cambió el curso de la historia, dejando vacante su posición. Ester, una joven judía, fue llevada a la corte del rey, no por casualidad, sino por la providencia divina. Su presencia allí fue vista como un acto de la misericordia de Dios, guiando su destino para propósitos mayores.

En la corte, Ester encontró favor tanto en los ojos de los sirvientes como en los del rey, una gracia que también se atribuye a la intervención divina (Gn. 39:4; Dn. 1:9). Su belleza y humildad capturaron la atención del rey, pero fue su sabiduría y carácter lo que finalmente la llevó a ser reina. La misericordia de Dios continuó siendo evidente en su vida, ya que Ester usaría su posición no solo para su beneficio personal, sino también para salvar a su pueblo de la destrucción.

El mensaje para los deportados

La descripción de Mardoqueo y Ester se presenta como una advertencia para los deportados. Estas dos figuras, que personifican al judaísmo en el exilio, encarnan la espiritualidad que prevalecía en ese contexto, pues eligieron ocultar su identidad y vivir al margen de su fe. Adoptaron, además, un estilo de vida persa y sentían vergüenza de sus raíces hebreas. Creían que revelar su nacionalidad perjudicaría sus planes personales. Sin embargo, el autor bíblico señala que, aunque Ester llegó a ser reina ocultando su origen, esto tendría consecuencias graves.[7]

---

[7] Todos estos detalles tienen una intencionalidad teológica.

Conclusión

El primer capítulo del libro de Ester nos sumerge en la opulencia de la corte persa, un escenario donde la riqueza y el esplendor son casi palpables. El autor busca que los lectores se adentren en la complejidad de la estructura política y en el proceso de toma de decisiones del gobierno. Nos ofrece una visión detallada del monarca, su círculo de funcionarios, la urbe, las celebraciones y los mandatos imperiales. Las preguntas que el autor plantea para reflexionar son cruciales: ¿Podemos confiar en un reino así? ¿No es mejor regresar a nuestra tierra de origen? En los próximos capítulos estas interrogantes se contestarán.

Bibliografía

Alomía, Merling. *Daniel: El profeta Mesiánico II*. Perú: Universidad Peruana Unión, 2008.

Higginson, Richard E. "Dispersión". En *Diccionario de Teología*, editado por Everett F. Harrison, Geoffrey W. Bromiley y Carl F. H. Henry, 187. Grand Rapids, MI: Libros Desafío, 2006.

Lockward, Alfonso. *Nuevo diccionario de la Biblia*. Miami: Unilit, 1999.

Pfeiffer, Charles F. *Diccionario bíblico arqueológico*. El Paso, Texas: Mundo Hispano, 2002.

Wiersbe, Warren W. *Ser comprometidos: Rut y Ester*. Colorado Springs, USA: David C. Cook, 2008.

Capítulo 4: Conspiración en el palacio

Introducción

Las narrativas se estructuran comenzando con una introducción a los personajes, un conflicto, una solución y un desenlace.[1] El capítulo anterior presentaba dos historias con su apertura y conclusión, ahora emerge una nueva trama en el libro de Ester. En otras palabras, desde Ester 2:19 se despliega un nuevo relato que culmina en Ester 10. Dado que no es viable abordar una narrativa de tal magnitud en un solo capítulo, optamos por avanzar gradualmente. En esta sección, enfocaremos nuestra atención en los segmentos restantes del capítulo dos y en el capítulo tres.

La conspiración (Ester 2:19-23)

Ahora, analizaremos cómo Mardoqueo logra salvar al rey. Es crucial tener en cuenta detenidamente los aspectos de la investigación que el rey lleva a cabo respecto al complot contra su vida. Este punto es de particular importancia, ya que el autor bíblico lo abordará nuevamente en el capítulo tres. Son, evidentemente, detalles intencionales para mostrar un contraste.

---

[1] Este análisis está en deuda con dos textos principalmente: Kaiser, Walter C. *Predicación y enseñanza desde el Antiguo Testamento*. Traducido por Alfredo Ballesta. Colombia: Mundo Hispano, 2010; Ska, Jean L. *Nuestros padres nos contaron*. Traducido por Pedro Barrado. Navarra, España: Verbo Divino, 2012.

A. Mardoqueo salva al rey (Est. 2:19-23).
   B. Amán celebra su victoria (Est. 3).
     C. Los judíos lloran (Est. 4:1-9).
       D. Ester promete ayudar (Est. 4:10-17).
         E. Amán invitado al banquete (Est. 5).
           F. Mardoqueo es exaltado (Est. 6).
         E'. Amán ahorcado (Est. 7).
       D'. Decreto a favor del pueblo (Est. 8).
     C'. Destrucción de los enemigos (Est. 9:1-15).
   B'. Los judíos celebran la victoria (Est. 9:16-32).
A'. El rey engrandece a Mardoqueo (Est. 10).

El héroe anónimo

El relato inicia con la presentación de un marcador clave de índole cronológico, señalando que los acontecimientos narrados ocurren en el instante en que las doncellas se encuentran por segunda vez. Pero, ¿qué significa esa expresión? No tenemos una respuesta categórica, pues admite múltiples interpretaciones; sin embargo, aunque diferentes, no afectan la interpretación general del texto:

1. Sucedió tras la coronación de Ester como reina, lo que llevó a Mardoqueo a asumir un rol de responsabilidad gracias a su influencia.
2. El pasaje "no hace más que recapitular el versículo 8 y establecer que, aun antes de la promoción de Ester, Mardoqueo ya gozaba de un puesto oficial como siervo del rey".[2]

---

[2] S. Park, David F. Burt y David Pradales, *El Cetro de Oro, Ester: Más allá del poder humano* (Barcelona: Andamio, 2000), 140.

3. Aconteció previo a que Ester fuese coronada, durante el segundo encuentro mencionado. Mardoqueo, para ese momento, ya ejercía dicha función, lo que explica su presencia habitual en el palacio (Est. 2:10); esto se apoya en la repetición de elementos narrativos (comparación de Est. 2:10 y 2:20). Además, se sugiere que la designación de Ester como reina es una anticipación de su futuro título, y que su revelación de la conspiración fue un factor decisivo para su ascenso al trono.
4. Los sirvientes de Asuero no cesaron en su búsqueda de jóvenes para el harén, primero seleccionando al grupo de Ester y, posteriormente, a otro grupo tras su coronación.

El segundo aspecto destacado es la función específica de Mardoqueo. De acuerdo con el relato, ocupaba un puesto en la entrada del rey. Esta locución no debe interpretarse literalmente como la puerta de la ciudad, que era el sitio usual para las transacciones comerciales (Dt. 25:7; Jos. 20:4; Rt. 4:11). En realidad, considerando el rol particular de los eunucos, se trata de una responsabilidad vinculada directamente con el rey, donde su labor era salvaguardar la entrada real. Aunque los pormenores de estas obligaciones no se detallan con claridad, fue en este entorno donde Mardoqueo descubrió la trama conspirativa.

Una vez revelada la verdad y ejecutada la sentencia contra los conspiradores, el relato queda abierto a la interpretación de los lectores. Por ejemplo, se sugiere que el acto de servicio de Mardoqueo podría permanecer sin reconocimiento; no obstante, esto subraya la enseñanza de que las recompensas más valiosas no siempre son inmediatas tras una buena acción. Además, resulta sarcástico que el rey, cuya vida salvó Mardoqueo, emita un edicto para su destrucción. ¿Vale la pena hacer lo correcto?

La conspiración (Ester 3)

La historia se traslada ahora cinco años después de la coronación de la reina, momento en el que se presenta al antagonista del libro de Ester y se expone la causa de su hostilidad hacia los judíos.[3] Es crucial reflexionar sobre cómo los consejeros influyen en la política del reino y, además, la susceptibilidad de Asuero a ser moldeado por ellos. El autor inspirado nos hace ver que, la estabilidad del imperio, está sujeta a las decisiones de individuos sin escrúpulos.

Estructura literaria

A. Mardoqueo salva al rey (Est. 2:19-23).
  B. Amán celebra su victoria (Est. 3).
    C. Los judíos lloran (Est. 4:1-9).
      D. Ester promete ayudar (Est. 4:10-17).
        E. Amán invitado al banquete (Est. 5).
          F. Mardoqueo es exaltado (Est. 6).
        E'. Amán ahorcado (Est. 7).
      D'. Decreto a favor del pueblo (Est. 8).
    C'. Destrucción de los enemigos (Est. 9:1-15).
  B'. Los judíos celebran la victoria (Est. 9:16-32).
A'. El rey engrandece a Mardoqueo (Est. 10).

---

[3] El deseaba por una fracción de tiempo, ser el señor de la historia, haciendo como le placiera. (…) En el capítulo 1 descubrimos que ningún individuo tiene poder absoluto sobre la historia, ni siquiera el rey. El capítulo 2 reveló que lo que puede afectar los propósitos del individuo en la historia son las coincidencias que ocurren, los eventos que al entrecruzarse traen a la existencia lo inesperado que no se planeó. Ver: Ángel M. Rodríguez, *La presencia silenciosa de Dios* (División Interamericana, 2009), 25.

La actitud de Asuero

En medio de estos sucesos, emerge una figura de creciente importancia en el entramado político: Amán. Descendiente de Agag, quien, según los comentaristas, "no era nombre propio, sino el título que los amalecitas daban a su rey".[4] De ser así, Amán provendría de la aristocracia agagea. El escritor no detalla por qué Asuero lo prefirió sobre los demás príncipes, pero dada la reputación de Amán, se puede deducir que ascendió por medios engañosos.[5]

La actitud de Mardoqueo

El texto señala que Mardoqueo pertenecía a la tribu de Benjamín, un detalle de gran relevancia, considerando que Saúl, también de la tribu de Benjamín, fue el "verdugo" de Agag. La negativa de Mardoqueo a postrarse ante Amán cobra sentido en este contexto histórico, no como un acto de adoración, sino como una postura de respeto. Postrarse hubiera significado reconocer la supremacía de Agag sobre Israel, lo cual hubiera sido una afrenta al Dios al que Mardoqueo servía. Sin embargo, hay autores que proponen una interpretación alternativa de estos hechos:

---

[4] Alfonso Lockward, *Nuevo diccionario de la Biblia* (Miami: Unilit, 1999), 29.

[5] Allí donde un rey débil e inseguro se siente amenazado o dominado por el poderío de sus nobles, existe la posibilidad de que intente contrarrestar y disminuir dicho poderío exaltando a validos de su propia elección. (…) A menudo, los favoritos del rey son de origen oscuro o humilde, pero acaban infatuando al monarca y recibiendo de él honores por encima de los de los grandes del país. Ver: Pradales, *El Cetro de Oro*, 156.

Debido a que Amán era agagueo, algunos suponen que era descendiente de Agag, rey de los amalecitas (1 S. 15:8). Sin embargo, parece improbable que un alto oficial persa estuviera relacionado con un semita occidental que vivió 600 años antes. Los arqueólogos han descubierto una inscripción que indica que Agag era también el nombre de una provincia del imperio persa, lo cual probablemente explica por qué Amán es llamado agagueo.

El ascenso de Amán implicaba que los otros oficiales debían postrarse ante él; debían mostrarle un respeto especial. Esto no era un acto de adoración, como el que se le ordenó hacer a los tres jóvenes hebreos mencionados en Daniel 3:8-15. Puesto que los siervos … que estaban a la puerta del rey debían postrarse delante de Amán, el pueblo también debía hacerlo ante el rey. Mardoqueo dijo que no se arrodillaría ante Amán (cf. Est. 5:9) porque él (Mardoqueo) era judío. Quizá su negativa reiterada (cada día) surgió más del amor propio que de sus escrúpulos religiosos. Por varios años, Mardoqueo no había permitido a Ester decir al rey que era judía (2:10, 20), pero aquí, él mismo adujo su origen nacional como excusa para no rendir honores al alto oficial persa.[6]

La actitud de los siervos del rey

Frente a la persistencia de los sirvientes del rey, Mardoqueo revela su identidad judía, desvelando así el conflicto entre judíos y agagueos. Este acto marca un hito en el libro de Ester, ya que Mardoqueo había mantenido en secreto su etnia. Esa resistencia a exponer su identidad, étnica/religiosa, es la raíz de todos los males. Los sirvientes, ansiosos por saciar sus dudas, se preguntan si las afirmaciones de Mardoqueo son verídicas o meras palabras.

---

6 John Walvoord y Roy Zuck, *El conocimiento bíblico, un comentario expositivo: Antiguo Testamento, tomo 3: 1 Reyes-Ester* (Puebla, México: Ediciones Las Américas, 1996), 280-281.

La desconfianza y la envidia convergieron, provocando un dilema con el más alto funcionario del imperio. Es inevitable especular sobre qué habría pasado si Mardoqueo hubiese accedido a inclinarse. Aunque desconocemos si su decisión fue correcta, es evidente que Amán no permanecería indiferente. De hecho, la postura de Mardoqueo desembocó una fuerte reacción de Amán.

La actitud de Amán

Al enterarse de las acciones de Mardoqueo, Amán se sintió profundamente ofendido. A pesar de qué miles se postraban ante él, la resistencia de uno solo empañaba su felicidad. En ocasiones, un único contratiempo puede eclipsar un sinfín de logros. Es una tendencia humana enfocarse en el "punto negro de la sábana blanca". Esta era la visión del influyente político y es una perspectiva que aún compartimos. Aunque el tiempo avanza, los patrones de comportamiento permanecen constantes.

Amán parecía creer que cualquier ofensa recibida debía ser respondida con creces. Consumido por la ira, decidió esperar y consultar la suerte para determinar el momento propicio, una práctica común aún en la actualidad. Este acto nos da la primera pista de un elemento profundamente religioso[7], es clave para comprender quién estaba realmente orquestando los acontecimientos: Fue Satanás quien instigó el sentimiento de humillación en Amán, quien lo impulsó a buscar una venganza desproporcionada y quien eligió el momento para el exterminio.

---

[7] El inicio del Año Nuevo representaba una ocasión particularmente significativa. Según las creencias, era cuando los dioses se congregaban para decidir el porvenir de la humanidad.

¿Qué clase de persona accede a exterminar a un pueblo entero? Asuero, al parecer, era alguien que no se inmutaba ante tales propuestas. Hemos observado a un monarca maleable, dependiente e inescrupuloso. Nos encontramos ante alguien capaz de condenar a muerte a una persona, o incluso a una nación entera, sin que ello le cause gran conmoción. Inclusive, podría sentarse a disfrutar de su vino tras emitir un edicto letal, como si fuera un día cualquiera.

Amán argumentaba que los judíos debían ser destruidos porque estaban dispersos, seguían leyes únicas, desobedecían los edictos reales y carecían de razón de ser. Al contrario de lo expuesto, el propósito de Israel era mantener su identidad colectiva a pesar de la dispersión, honrar un conjunto de leyes que los diferenciaba y los definía como pueblo, y resistir la asimilación para preservar su propósito divino. Mientras Amán veía la dispersión como una debilidad, Dios la consideraba una fortaleza que le permitía influir en diversas culturas. Las leyes inusuales eran expresiones de su alianza con Dios y, la supuesta desobediencia, reflejaba un compromiso más profundo con una ley moral superior. Finalmente, Israel tenía un objetivo trascendental: ser luz.

El autor interpela a los judíos con una descripción que invita a la reflexión: ¿Es este el monarca al que profesan lealtad? Resalta la necesidad de comparar dos facetas del rey: su diligencia al investigar un complot contra su propia vida y su displicencia al aceptar sin más la propuesta de exterminio de un pueblo, sugerida por un consejero. En contraste, la narrativa bíblica muestra que Dios, antes de decretar el fin, no solo ofrece la posibilidad de redención, sino que también lleva a cabo una indagación personal (Gn. 18-19).

Conclusión

La perícopa analizada, que aborda la conspiración contra el rey y los judíos, busca mostrar a los destinatarios originales el error de confiar en un monarca humano. El autor, sin mencionar explícitamente a Dios, parece entablar un diálogo con un público versado en las Escrituras, capaz de captar las alusiones a la Torá y a los profetas. Son estos lectores los destinatarios de las preguntas implícitas en el texto, interrogantes que invitan a una profunda reflexión sobre la fe de aquellos en el exilio.

Bibliografía

Lockward, Alfonso. *Nuevo diccionario de la Biblia*. Miami: Unilit, 1999.

Park, S., David F. Burt y David Pradales. *El Cetro de Oro, Ester: Más allá del poder humano*. Barcelona: Andamio, 2000.

Kaiser, Walter C. *Predicación y enseñanza desde el Antiguo Testamento*. Traducido por Alfredo Ballesta. Colombia: Mundo Hispano, 2010.

Rodríguez, Ángel M. *La presencia silenciosa de Dios*. División Interamericana, 2009.

Ska, Jean L. *Nuestros padres nos contaron*. Traducido por Pedro Barrado. Navarra, España: Verbo Divino, 2012.

Walvoord, John y Roy Zuck. *El conocimiento bíblico, un comentario expositivo: Antiguo Testamento, tomo 3: 1 Reyes-Ester*. Puebla, México: Ediciones Las Américas, 1996.

Capítulo 5: La victoria pírrica de Amán

Introducción

El triunfo de Amán puede ser comparado con una victoria pírrica.[1] Al igual que Pirro, cuyos triunfos le costaron hombres valiosos, la aparente conquista de Amán amenazaba con ser igualmente autodestructiva. Su complacencia en la corte, disfrutando de los favores del rey mientras su plan se desarrollaba, no presagiaba las consecuencias devastadoras de sus acciones. Así, la historia nos muestra cómo lo que a primera vista parece ser un éxito arrollador, puede estar sembrando las semillas de una caída desastrosa.

Los judíos lloran (Ester 4:1-9)

El edicto se difunde entre los judíos y, al parecer, Mardoqueo es el primero en ser abatido por la noticia. Poco a poco, la desolación se apodera del pueblo, que comparte un sentimiento de desesperanza ante la adversidad. Lo que con tanto esfuerzo acumularon a lo largo de los años, ahora está en peligro de ser arrebatado por sus adversarios. Estos versículos marcan el comienzo de uno de los episodios más emotivos del relato.

---

[1] El término proviene de Pirro, rey de Epiro, quien sufrió bajas enormes en sus victorias contra los romanos. Después de una de estas batallas, se dice que Pirro comentó: "Una victoria más como esta y estaré perdido", reflejando el alto costo de su "éxito".

A. Mardoqueo salva al rey (Est. 2:19-23).
  B. Amán celebra su victoria (Est. 3).
   C. Los judíos lloran (Est. 4:1-9).
    D. Ester promete ayudar (Est. 4:10-17).
     E. Amán invitado al banquete (Est. 5).
      F. Mardoqueo es exaltado (Est. 6).
     E'. Amán ahorcado (Est. 7).
    D'. Decreto a favor del pueblo (Est. 8).
   C'. Destrucción de los enemigos (Est. 9:1-15).
  B'. Los judíos celebran la victoria (Est. 9:16-32).
A'. El rey engrandece a Mardoqueo (Est. 10).

Mardoqueo va a la puerta del rey

Mardoqueo intuía que sus propias acciones habían precipitado estos sucesos. El intenso dolor manifestado a través de lamentos, cilicio y ceniza, podría revelar un profundo sentimiento de culpa más que la angustia por el destino que le aguardaba. Es probable que lamentara su comportamiento. Bajo esta interpretación, su presencia en la puerta del rey, posiblemente el mismo lugar donde se negó a postrarse, representaría un acto simbólico de contrición.

Por otra parte, los judíos, en la medida que el decreto llegaba a sus provincias, se hacían eco del clamor de Mardoqueo. En ocasiones nosotros tenemos que lidiar con situaciones que desconocemos su origen. Por esto, el libro de Ester presenta cómo las fuerzas oscuras operan a través de agentes humanos para socavar nuestra fe. Así, como los judíos de la historia, nos encontramos afectados por las repercusiones de estos maquiavélicos planes, sin llegar a comprender completamente su naturaleza o propósito.

Ester es informada

La respuesta inicial de Ester ante la aflicción de Mardoqueo fue ofrecerle vestimentas nuevas, esa solución reflejaba una comprensión limitada de la verdadera naturaleza de su angustia. De manera análoga, las soluciones que frecuentemente nos proponen los "expertos" (medicamentos, vacaciones o sesiones de terapia) pueden resultar igualmente superficiales. Estas respuestas pasan por alto la profundidad y el arraigo de nuestros conflictos internos. Ester, a pesar de su posición de influencia, no lograba captar la esencia del problema; sobre todo, porque había vivido toda su vida como babilónica, desconectada de sus raíces hebreas.

Tras recibir y procesar la información transmitida por Hatac, Ester tomó plena conciencia de la gravedad de la situación. El relato sugiere que la reina, al igual que el resto del pueblo judío, estaba tan inmersa en sus propias metas que había perdido de vista su identidad. El designio divino de dar a conocer al mundo su presencia a través de sus siervos se había desvanecido.

Ester se convierte en un reflejo de la situación nacional. El edicto sirvió como un llamado a sus orígenes, recordándoles no solo su identidad, sino también a quién debían su lealtad. Su herencia étnica, su misión como nación y la fuente de su fe, fue traída del olvido para enfrentar la cruda realidad. Se les pide que redescubran y abracen la fuente de su fe y que la utilicen como un faro para navegar la dura realidad que enfrentan. En última instancia, el edicto fue instrumento de empoderamiento, recordándoles a todos que, a pesar de las adversidades, tienen la fortaleza en Dios y la guía de su rica tradición.

Ester promete ayudar (Ester 4:10-17)

Los versículos subsiguientes presentan un diálogo de perspectivas acerca de cómo abordar la crisis: Mardoqueo y su gente enfrentan una condena inminente, en contraste con Ester, quien se halla inmersa en el esplendor palaciego. Cada uno asimila la situación a su manera y se ven compelidos a decidir qué rol asumirán en la trama.

Estructura literaria

A. Mardoqueo salva al rey (Est. 2:19-23).
  B. Amán celebra su victoria (Est. 3).
    C. Los judíos lloran (Est. 4:1-9).
      D. Ester promete ayudar (Est. 4:10-17).
        E. Amán invitado al banquete (Est. 5).
          F. Mardoqueo es exaltado (Est. 6).
        E'. Amán ahorcado (Est. 7).
      D'. Decreto a favor del pueblo (Est. 8).
    C'. Destrucción de los enemigos (Est. 9:1-15).
  B'. Los judíos celebran la victoria (Est. 9:16-32).
A'. El rey engrandece a Mardoqueo (Est. 10).

Temor de los recuerdos

La inesperada solicitud de su tío dejó a la reina Ester perpleja, optó por alegar con argumentos "convincentes". La realidad era que presentarse ante el rey implicaba un riesgo mortal, el monarca ya había demostrado su disposición a deponer a una reina sin titubeos. Además, si las maquinaciones de Amán eran ciertas, la situación se tornaba aún más compleja, dado que los consejeros ejercían una influencia decisiva en las políticas del imperio.

En resumen, su elevado estatus no la protegía del riesgo de perder la vida. El precedente establecido con la destitución de Vasti, ocurrido apenas cinco años atrás, era un recordatorio intimidante de las consecuencias de desafiar las órdenes reales. Si realmente deseaban destruir a Amán, debían ser sumamente cautos.

Valor de los recuerdos

Mardoqueo no se quedó en silencio y replicó a su sobrina, empleando un razonamiento similar. Aunque lo que Ester decía era cierto, el prudente anciano también se valió de la memoria como herramienta de persuasión. Primero, le hizo ver que su vida corría peligro por ser judía. Aunque ese secreto estaba bien guardado, ¿podría ella ocultarlo eternamente? En segundo lugar, le recordó que no estaban desamparados, su Dios estaba con ellos. Si Ester no actuaba, intervendría de otra manera. Además, le recordó que él, su único familiar, también moriría. ¿Podría Ester soportar la muerte de quien la había criado? Finalmente, Mardoqueo apeló al propósito de su existencia, sugiriendo un destino divino: "¿Quién sabe si para tal momento como este has sido elevada a la realeza?"

En fin, eres judía, puedes llegar a ser el instrumento de Dios, yo te protegí y tienes un propósito especial. Mientras Ester reflexionaba sobre el destino de Vasti, Mardoqueo le presentó cuatro verdades que estremecieron a Jadasá. Los recuerdos la hicieron retroceder a su niñez: se vio a sí misma jugando con otros niños judíos, revivió las lecciones y el cuidado de su tío.[2]

---

[2] En realidad, le estaba recordando que él era su único pariente cercano vivo.

Una chispa de esperanza ilumina su pensamiento y concibe la idea de un ayuno a nivel nacional, este es el segundo elemento de índole religioso que el libro nos brinda. Mientras Amán intenta manipular el destino anticipando los acontecimientos, Ester presenta su causa ante Dios y confía su destino en sus manos. Ignorante de lo que el futuro podría reservarle, alberga un único consuelo en su corazón: Dios.

Amán es invitado al banquete (Ester 5)

Este capítulo narra el aparente triunfo de Amán. Mientras el pueblo se sumerge en el luto y el ayuno, Amán se regocija en la compañía del rey durante una fastuosa celebración. Pareciera que las "estrellas se han alineado" a favor del sagaz político, mientras que, para el pueblo de Ester, el firmamento se ha ensombrecido.[3]

Estructura literaria

A. Mardoqueo salva al rey (Est. 2:19-23).
  B. Amán celebra su victoria (Est. 3).
    C. Los judíos lloran (Est. 4:1-9).
      D. Ester promete ayudar (Est. 4:10-17).
        E. Amán invitado al banquete (Est. 5).
          F. Mardoqueo es exaltado (Est. 6).
        E'. Amán ahorcado (Est. 7).
      D'. Decreto a favor del pueblo (Est. 8).
    C'. Destrucción de los enemigos (Est. 9:1-15).
  B'. Los judíos celebran la victoria (Est. 9:16-32).
A'. El rey engrandece a Mardoqueo (Est. 10).

---

[3] Matthew Henry, *Comentario de la Biblia Matthew Henry en un tomo* (Miami: Unilit, 2003), 345.

El primer banquete

Aunque Mardoqueo y Ester son figuras centrales de la historia, el análisis detallado revela que Mardoqueo tiene un rol protagónico: Fue la elección de Mardoqueo de ocultar su origen, su relación con Ester y su negativa a postrarse, lo que catalizó la crisis. Esto plantea un desafío reflexivo a los receptores del texto: ¿Qué habría ocurrido si, en vez de asimilar la cultura persa, hubiesen mantenido abiertamente su identidad judía? Los protagonistas están enfrentando las consecuencias de sus decisiones.

Tras decidir abogar por su pueblo, Ester meditó cuidadosamente sobre cómo presentar su caso ante el rey. Se enfrentaba a la tarea de denunciar al hombre más influyente del imperio persa, acusándolo no solo de conspiración, sino también de engañar al propio Asuero. Era una denuncia de gran envergadura que requería una argumentación sólida y meticulosamente preparada. Por lo tanto, su estrategia debía desplegarse en etapas cuidadosamente planificadas.

En cada fase, la reina buscaba confirmar el afecto del rey hacia ella, debido a esto no precipitó los acontecimientos. Se dejó ver para que el rey la invitara y, posteriormente, le sugirió la celebración de dos banquetes. Si él verdaderamente se interesaba, accedería a sus solicitudes. De lo contrario, si rechazaba su invitación inicial, ¿cómo podría ella exponerle el secreto de Amán? Aunque tenemos la seguridad de que Dios está con nosotros en las situaciones difíciles, especialmente cuando nos entregamos a él, lo cierto es que el sentido común no debe abandonarnos en ningún momento. Cátedra sobre esto nos da el profeta Natán cuando fue designado para confrontar al rey David (2 S. 12). Es necesario que seamos perspicaces en nuestro proceder.

Observamos una renovada determinación en Mardoqueo, quien, de vuelta en su puesto, persiste en su decisión de no rendir pleitesía a Amán. Esta firmeza es emblemática de la fe inquebrantable que debe sostener un creyente ante las adversidades. Mardoqueo no ocultó su pesar, pero se esforzó por encontrar una solución al conflicto.

Su rival, frustrado ante la resiliencia de Mardoqueo frente a una sentencia de muerte, se enfurece al ver que su autoridad continúa siendo desafiada. Al llegar a su hogar, lleno de ira, describió todos sus logros como una forma de vanagloria. En un despliegue de metas cumplidas, Amán pone delante de los aduladores que lo rodean las bendiciones que había recibido. Todo esto, sin duda, mostraba, según la concepción de la época, la bendición de los dioses. En otros términos, la teología del político le decía que era una persona muy estimada y con un propósito especial.

No le queda ninguna duda, al séquito que lo acompañaba, que era especial. Por este motivo, proponen que destruya de una vez a Mardoqueo. Si lo que lo molesta es la existencia de este anciano, y ya todos los judíos están condenados a muerte, qué más da que muera primero. Movido por su malestar, inicia la construcción de una horca, presagio ominoso de lo que podría esperar al pueblo.

Amán estaba totalmente convencido de que todo iría según lo previsto por él: ¿Por qué el rey le negaría la muerte de un judío que está condenado? La lógica del agageo era inflexible y, además, acorde a todo lo que el conocía. No obstante, había algo que ignoraba. Mientras que él poseía una seguridad monolítica en su plan, los judíos dudaron de sí mismos y pusieron su confianza en la Roca de Israel.

Conclusión

La fe del pueblo judío no estaba perdida, estaba escondida. Del mismo modo que Mardoqueo/Ester mostraron los aspectos negativos de la cautividad, también al asumir públicamente su raza señalaban que habían regresado a su Dios. Ser judío no solo implicaba origen étnico, también era afín con su forma de religión.[4] Por tanto, el recordatorio de Mardoqueo a Ester estaba relacionado con su fe.

Al cerrar el capítulo, nos llevamos una lección imperecedera sobre la abnegación y la esperanza. Esta sección es un testimonio de cómo la valentía y la astucia pueden cambiar el destino, y de cómo, incluso en las circunstancias más sombrías, la fe y la determinación pueden alumbrar el camino hacia la redención y la salvación.[5] Nos recuerda que cada uno de nosotros puede ser un agente de cambio, capaz de influir en el curso de la historia con nuestras elecciones y acciones.

---

[4] Roberto Jamieson, A. R. Fausset y David Brown, *Comentario exegético y explicativo de la Biblia tomo 1: El Antiguo Testamento* (El Paso, TX: Casa Bautista de Publicaciones, 2003), 384.

[5] William LaSor, David Allan Hubbard y Frederic William Bush, *Panorama del Antiguo Testamento: Mensaje, forma y trasfondo del Antiguo Testamento* (Grand Rapids, MI: Libros Desafío, 2004), 611.

Bibliografía

LaSor, William, David Allan Hubbard y Frederic William Bush. *Panorama del Antiguo Testamento: Mensaje, forma y trasfondo del Antiguo Testamento*. Grand Rapids, MI: Libros Desafío, 2004.

Jamieson, Roberto, A. R. Fausset y David Brown. *Comentario exegético y explicativo de la Biblia - tomo 1: El Antiguo Testamento*. El Paso, TX: Casa Bautista de Publicaciones, 2003.

Henry, Matthew. *Comentario de la Biblia Matthew Henry en un tomo*. Miami: Unilit, 2003.

Capítulo 6: La exaltación de Mardoqueo

Introducción

En este capítulo, se desplegará un escenario donde la providencia divina y la justicia humana se entrelazan. Se presentarán momentos donde las acciones virtuosas serán recompensadas y las malvadas revocadas, a través de la exaltación de Mardoqueo y la caída de Amán. Se explorará, además, cómo el poder legislativo, simbolizado por el anillo real, puede alterar la realidad y cómo la conversión de los pueblos al judaísmo refleja un cambio de paradigma en el poder. Esta historia, entonces, nos estimulará a contemplar la soberanía de Dios, que se manifiesta en los momentos críticos para proteger y elevar a los justos, asegurando que la verdad y la justicia se impongan al final.

Mardoqueo es exaltado (Ester 6)

El clímax de la tercera narrativa del libro de Ester se centra en la exaltación de Mardoqueo. Este evento forma el corazón del quiasmo de la tercera narración, precedido por la destitución de Vasti y seguido por el ascenso de Ester al poder. Es en la exaltación de Mardoqueo donde se produce el punto de inflexión crucial de la trama, desencadenando una serie de eventos inesperados. El autor maneja estos giros argumentales con maestría, empleando la ironía para enriquecer la narrativa y profundizar en el mensaje de la historia.

A. Mardoqueo salva al rey (Est. 2:19-23).
 B. Amán celebra su victoria (Est. 3).
  C. Los judíos lloran (Est. 4:1-9).
   D. Ester promete ayudar (Est. 4:10-17).
    E. Amán invitado al banquete (Est. 5).
     F. Mardoqueo es exaltado (Est. 6).
    E'. Amán ahorcado (Est. 7).
   D'. Decreto a favor del pueblo (Est. 8).
  C'. Destrucción de los enemigos (Est. 9:1-15).
 B'. Los judíos celebran la victoria (Est. 9:16-32).
A'. El rey engrandece a Mardoqueo (Est. 10).

Comparación de los quiasmos

Al analizar el centro del quiasmo general del libro de Ester, que expusimos en el primer capítulo, junto con el quiasmo específico de esta sección, descubrimos que la declaración del ayuno nacional marca un cambio dramático en el curso de los acontecimientos. Este ayuno representa un punto de inflexión en la narrativa. ¿En qué sentido? Inicia una serie de eventos que muestran como las acciones de Amán comienzan a revertirse en su contra.

De manera similar, en la sección actual, observamos un patrón paralelo, la exaltación de Mardoqueo se convierte en el momento decisivo que precipita la caída de Amán. En esencia, la fusión de ambos quiasmos revela un mensaje divino: La respuesta de Dios al ayuno de la nación es mover el corazón del rey Asuero para que honre a Mardoqueo, el tío de Ester, con una recompensa justa. En ese sentido, podemos ver el desvelo del rey como el método que el Señor emplea para lograr sus objetivos.

La frase "se le fue el sueño" al rey se hace eco del libro de Daniel[1] (Dn. 2:1), reflejando la manera en que Dios se ha manifestado a los monarcas no judíos durante el período del exilio. En la literatura profética, los sueños son el preludio de la acción divina, un medio por el cual Dios se revela para intervenir a favor de sus elegidos.[2] En efecto, estos momentos de intervención a menudo implica la salvación de su pueblo frente a los adversarios y, de manera más puntual, la preservación de la estirpe mesiánica.

Mientras Amán urdía su complot, Dios ya había desplegado su estrategia. Para Amán, la idea del rechazo de su pedido de muerte era inconcebible, pues el destino de la nación judía parecía sellado. En su mente, la vida de Mardoqueo tenía poco valor, daba lo mismo que lo eliminaran en ese momento o más adelante.[3] No obstante, las acciones de Mardoqueo recibieron reconocimiento en el instante preciso. Podemos argumentar que las crónicas reales actúan como un reflejo de los registros celestiales, donde se anotan las acciones virtuosas. Así, el autor del texto nos sugiere reflexionar sobre la creencia, profundamente arraigada, de que Dios premia las buenas obras de sus fieles en la tierra, un concepto ampliamente aceptado en aquellos tiempos (Neh. 5:19).

---

[1] Jacques B. Doukhan, *Secretos de Daniel: Sabiduría y sueños de un príncipe judío en el exilio,* trad. Miguel Á. Valdivia (Colombia: APIA, 2008), 25.

[2] Arturo Collins, *Estudios Bíblicos ELA: Así comenzó todo (Génesis)* (Puebla, México: Ediciones Las Américas, 1992), 70.

[3] La lógica que uso Amán era irrefutable y, no obstante, era totalmente ridícula a la luz de la perspectiva de Dios.

Zeres, al igual que otros personajes impíos en las Escrituras, se convirtió en un vehículo para proclamar profundas verdades.[4] Su declaración, al identificar a Mardoqueo como "descendiente de los judíos", es una evocación de Génesis 3:15. Si interpretamos correctamente, Zeres estaría colocando a Mardoqueo en paralelo con la "simiente prometida". La intención del autor, al emplear esta expresión, es subrayar que todos los esfuerzos del maligno, para aniquilar a la simiente, fueron frustrados por la intervención divina.[5] Así, Mardoqueo emerge no solo como un personaje bajo una protección excepcional, sino también como el agente de una fuerza activa que, en última instancia, conduciría a la ruina a sus adversarios.

Amán ahorcado (Ester 7)

La escena despliega la caída de Amán con una narrativa dividida en dos segmentos claramente delineados. Cada uno de estos segmentos busca capturar y revivir la tensión palpable durante la cena. De esta manera, el lector experimenta la progresiva acumulación de confianza de Ester, a medida que se desenvuelve su diálogo con el rey. Es un momento crítico, descrito con tal detalle que uno casi puede sentir la atmósfera cargada de expectativa y el cambio sutil en la dinámica de poder.

---

[4] Roberto Lloyd, *Estudios Bíblicos ELA: El rey verdadero (1ra y 2da Samuel)* (Puebla, México: Ediciones Las Américas, 1993), 70.
[5] En el capítulo que dedicamos a estudiar a Ester dentro de la historia de la salvación, tuvimos oportunidad de analizar esta idea en detalle.

A. Mardoqueo salva al rey (Est. 2:19-23).
  B. Amán celebra su victoria (Est. 3).
    C. Los judíos lloran (Est. 4:1-9).
      D. Ester promete ayudar (Est. 4:10-17).
        E. Amán invitado al banquete (Est. 5).
          F. Mardoqueo es exaltado (Est. 6).
        E'. Amán ahorcado (Est. 7).
      D'. Decreto a favor del pueblo (Est. 8).
    C'. Destrucción de los enemigos (Est. 9:1-15).
  B'. Los judíos celebran la victoria (Est. 9:16-32).
A'. El rey engrandece a Mardoqueo (Est. 10).

La petición de Ester

Amán, acompañado por los sirvientes del rey, de camino hacia el palacio, no podía sacudirse las ominosas palabras de su esposa que resonaban en su cabeza: ¿De qué modo sería su caída? A pesar de ello, se aferraba a la esperanza del decreto que, en unos meses, se llevaría a cabo, liberándolo finalmente del molesto judío. "Por ahora", se dijo a sí mismo, "disfrutaré de esta encantadora velada junto a los monarcas". Tal vez ese fue el hilo de sus pensamientos mientras avanzaba hacia el escenario del banquete.

Ya en el lugar, y con la certeza de que había llegado el instante decisivo, Ester expuso la verdadera razón detrás de los banquetes que había organizado. Ante su revelación, el rey y Amán quedaron petrificados, ninguno de los dos se esperaba semejante giro dramático. El monarca, finalmente, percibió la emboscada que Amán le había tendido y, este último, finalmente entendió las advertencias previas de su esposa. Una cena, aparentemente normal, cambió todo.

Lo curioso del caso es que Amán estaba condenado incluso antes de concebir su complot, Dios había dispuesto el tablero a favor de su pueblo situando a Mardoqueo en el palacio y a Ester en el trono. Mientras el pueblo judío derramaba lágrimas, ya estaban a salvo. Amán, por su parte, se regodeaba en el festín, ajeno a que su destino ya estaba sellado. Las apariencias son muy engañosas.

El destino de Amán

El más influyente asesor del rey, el poseedor del anillo real, se encontraba ahora postrado ante una mujer judía. El origen de este conflicto fue un simple gesto de reverencia y, paradójicamente, un acto de irreverencia selló su destino. Cuando Asuero regresó y vio a Amán en una proximidad comprometedora con la reina, suplicante, la ira lo invadió. ¿Cómo proceder con el traidor? Fue entonces cuando Harbona vertió la última gota, revelando la conspiración de Amán contra Mardoqueo, el nuevo héroe nacional. El rey decidió que Amán enfrentara el mismo fin que había planeado para Mardoqueo, cerrando el círculo de la justicia.

Decreto a favor del pueblo (Ester 8)

El capítulo relativo al decreto se estructura en torno a tres momentos cruciales. Cada uno de estos avanza de manera secuencial, estableciendo las bases para la transición hacia una escena subsiguiente. Mediante el uso continuado del contraste, el autor estimula a los lectores a una profunda reflexión sobre la mano de la providencia divina, que teje el destino de los personajes a lo largo de la narrativa. De esta manera, el escritor afirma que no hay que temerle al futuro.

A. Mardoqueo salva al rey (Est. 2:19-23).
  B. Amán celebra su victoria (Est. 3).
    C. Los judíos lloran (Est. 4:1-9).
      D. Ester promete ayudar (Est. 4:10-17).
        E. Amán invitado al banquete (Est. 5).
          F. Mardoqueo es exaltado (Est. 6).
        E'. Amán ahorcado (Est. 7).
      D'. Decreto a favor del pueblo (Est. 8).
    C'. Destrucción de los enemigos (Est. 9:1-15).
  B'. Los judíos celebran la victoria (Est. 9:16-32).
A'. El rey engrandece a Mardoqueo (Est. 10).

El descubrimiento de la verdad

El momento de esconderse había terminado. Con franqueza, Ester compartió su historia con Asuero y reveló la identidad de Mardoqueo. Como respuesta, el rey transfirió todas las posesiones de Amán a la reina Ester. Recordemos que, según el decreto de muerte, los judíos serían despojados de sus bienes (Est. 3:13). Por este motivo, esta acción podría interpretarse como una reparación por los daños causados.

Sin embargo, el autor bíblico parece sugerir algo más profundo. Amán, quien había ofrecido una fortuna al rey para apoyar su decreto, ahora "veía" cómo sus bienes eran entregados a aquellos a quienes consideraba enemigos. Al caer la noche, Mardoqueo no solo dirigía la casa de Amán, sino que también portaba el anillo real. Esta es una excelente oportunidad para entender que, aun el problema más grande con el cual lidiamos, puede ser resuelto en unos pocos minutos. Esta es una evidencia más para depositar nuestra confianza en Dios.

El ruego de Ester

A pesar de que Ester y su tío Mardoqueo se encontraban bajo la protección de las altas distinciones otorgadas, el resto del pueblo permanecía en una situación de riesgo. Ante la gravedad del momento, Ester se presenta con humildad, suplicando al rey que intervenga. La narrativa previa nos muestra cómo el anillo del monarca, símbolo del poder legislativo, ha pasado de mano en mano hasta llegar a Mardoqueo. Un simple anillo tiene el potencial de desestabilizar un imperio entero.

El decreto real

El edicto real se desplegaba en dos facetas fundamentales. La primera estipulaba que el pueblo tenía el derecho de defenderse ante cualquier intento de agresión por parte de sus enemigos. La motivación subyacente de los adversarios era clara: Conquista y apropiación de sus riquezas. La segunda faceta del decreto iba más allá de la mera defensa, otorgaba al pueblo la facultad de aniquilar a sus enemigos. Este giro de acontecimientos colocaba a los detractores en una situación precaria, similar a la que había enfrentado el pueblo de Ester.

La reacción fue inmediata. El temor se apoderó de la gente, llevándolos a convertirse al judaísmo, lo que posiblemente implicaba la adopción de la fe hebrea. El autor recurre nuevamente a la ironía para destacar un giro dramático: Mardoqueo y Ester, quienes una vez se "disfrazaron" de persas por miedo, ahora observan cómo la situación se invierte. Las naciones, presas del pavor y testigos de un vuelco en la distribución del poder, optaron por alinearse con los vencedores, en un intento de salvaguardar su futuro.

Conclusión

La narrativa del libro de Ester se despliega como un tapiz intrincado de providencia divina y justicia poética, donde los giros del destino y la ironía subrayan la fragilidad del poder humano frente a la soberanía de Dios. La exaltación de Mardoqueo y la caída de Amán son centrales en esta trama, reflejando el tema recurrente de que las acciones virtuosas son recompensadas y las malvadas revertidas. El uso del anillo real simboliza la movilidad del poder legislativo y la capacidad de alterar la realidad, mientras que la conversión de los pueblos al judaísmo ilustra un cambio de paradigma en el poder. En última instancia, la historia de Ester y Mardoqueo es una reflexión sobre la mano de Dios que, en los momentos decisivos, interviene para proteger y exaltar a los fieles, asegurando que la justicia prevalezca.

Bibliografía

Collins, Arturo. *Estudios Bíblicos ELA: Así comenzó todo (Génesis)*. Puebla, México: Ediciones Las Américas, 1992.

Doukhan, Jacques B. *Secretos de Daniel: Sabiduría y sueños de un príncipe judío en el exilio*. Traductor Miguel Á. Valdivia. Colombia: APIA, 2008.

Lloyd, Roberto. *Estudios Bíblicos ELA: El rey verdadero (1ra y 2da Samuel)*. Puebla, México: Ediciones Las Américas, 1993.

Capítulo 7: La victoria final

Introducción

El relato bíblico de Ester y Mardoqueo, inmortalizado en la festividad de Purim, es una narrativa de triunfo y providencia divina que resuena a través de los tiempos. En el corazón de esta historia se encuentra la astucia y la valentía de figuras claves que, bajo la protección y guía divina, logran salvar a su pueblo de la destrucción. Mardoqueo se destaca como el eje central de los acontecimientos, cuya influencia es decisiva en el ascenso de Ester y en la derrota de los adversarios.

La celebración de Purim, tanto en su origen como en su expresión contemporánea, refleja estos temas de salvación y liberación, manteniendo viva la memoria de la intervención divina. Este legado perdura, adaptándose y celebrándose con júbilo en la actualidad, demostrando cómo la fe y la historia se entrelazan en la continuidad de la tradición y la cultura. En este capítulo discutiremos estos temas.

Destrucción de los enemigos (Ester 9:1-15)

Estos versículos narran el desenlace definitivo contra los adversarios de los judíos. A pesar de la muerte de Amán, persistía un edicto y existían individuos que se habían proclamado abiertamente detractores del pueblo judío. El narrador busca transmitir con claridad el proceso mediante el cual estos enemigos fueron completamente eliminados.

A. Mardoqueo salva al rey (Est. 2:19-23).
  B. Amán celebra su victoria (Est. 3).
    C. Los judíos lloran (Est. 4:1-9).
      D. Ester promete ayudar (Est. 4:10-17).
        E. Amán invitado al banquete (Est. 5).
          F. Mardoqueo es exaltado (Est. 6).
        E'. Amán ahorcado (Est. 7).
      D'. Decreto a favor del pueblo (Est. 8).
    C'. Destrucción de los enemigos (Est. 9:1-15).
  B'. Los judíos celebran la victoria (Est. 9:16-32).
A'. El rey engrandece a Mardoqueo (Est. 10).

El temor de los enemigos

Con la llegada de la fecha estipulada por el decreto real, los más férreos adversarios de los judíos se vieron obligados a mantener su compromiso. Es probable que aquellos, con los que se enfrentaron los judíos, fueran enemigos descartados. Ante esta situación, no tenían otra alternativa que confrontar al pueblo judío; de lo contrario, y conforme a una cláusula del decreto, los judíos tenían el derecho de atacarles. Esto implicaba que, para ser objeto de un ataque, no era necesario que los enemigos iniciaran la hostilidad.

El segundo grupo de adversarios, aquellos cuyo único interés era el lucro económico, se dejó convencer por el cambio en la dinámica de poder. Observaron cómo Mardoqueo, de la mano de la reina, ascendía a posiciones de gran influencia. Oponerse a los judíos equivalía a un suicidio colectivo, especialmente ahora que Mardoqueo poseía el anillo real. Frente a este escenario, aquellos indecisos optaron por alinearse con la tendencia política predominante.

El segundo ataque

Es plausible inferir que, tras la jornada señalada por el edicto, algunos adversarios aún permanecían con vida. Ante esto, Ester solicitó al rey una extensión de un día para finalizar su misión. La reina, inquieta ante la posibilidad de una insurrección o represalias aisladas, buscaba erradicar completamente a los antiguos partidarios de la conspiración de Amán. Revisando episodios previos, se observa que la residencia de Amán permanecía llena de individuos influyentes (Est. 5:10-14), que no solo respaldaban su agenda, sino que también lo inspiraban con "ideas frescas". Es probable que esta élite no participara en las calles durante la ejecución del decreto y por esto, al requerir un día adicional, Ester tenía en mente a este círculo (Est. 9:13).

Los judíos celebran la victoria (Ester 9:16-32)

Purim es una festividad judía que conmemora la salvación del pueblo judío de la aniquilación en manos de Amán. La celebración se lleva a cabo el 14 de Adar y, en ciudades amuralladas, el 15 de Adar. La historia cuenta cómo Ester, que se convirtió en reina de Persia, y su primo Mardoqueo, lograron frustrar los planes de Amán (el primer ministro), quien había tramado la destrucción de los judíos. La victoria se celebra con lectura de la Meguilat (el libro de Ester), intercambio de regalos de comida, caridad a los pobres y un banquete festivo.[1]

---

[1] John P. Lange, *A commentary on the Holy Scriptures: Esther* (Bellingham, WA: Logos Bible Software, 2008), 3.

A. Mardoqueo salva al rey (Est. 2:19-23).
  B. Amán celebra su victoria (Est. 3).
    C. Los judíos lloran (Est. 4:1-9).
      D. Ester promete ayudar (Est. 4:10-17).
        E. Amán invitado al banquete (Est. 5).
          F. Mardoqueo es exaltado (Est. 6).
        E'. Amán ahorcado (Est. 7).
      D'. Decreto a favor del pueblo (Est. 8).
    C'. Destrucción de los enemigos (Est. 9:1-15).
  B'. Los judíos celebran la victoria (Est. 9:16-32).
A'. El rey engrandece a Mardoqueo (Est. 10).

Purim

Aunque el Nuevo Testamento no hace referencia explícita a la festividad de Purim, hay eruditos que postulan que la "fiesta sin nombre" mencionada en Juan 5:1 corresponde a esta celebración. La vinculación entre Purim y el Nuevo Testamento puede interpretarse en un sentido más simbólico, aludiendo a los temas universales de salvación y liberación que son ejes centrales tanto en las narrativas del Antiguo como del Nuevo Testamento. Esta conexión subraya la continuidad de la providencia divina.

Hoy en día, Purim se celebra con un espíritu de alegría y festividad. Las sinagogas palpitan con la lectura de la Meguilat, mientras que las calles se llenan de personas disfrazadas en los desfiles. Los banquetes incluyen alimentos simbólicos y, además, las tradiciones (envío de regalos de comida) siguen siendo pilares de la celebración. Las ciudades se visten de colores (con disfraces y música) para recordar las bendiciones del Señor.

El rey engrandece a Mardoqueo (Ester 10)

El capítulo diez sirve de cierre, estableciendo un vínculo estructural con el inicio del libro. A través de un paralelismo literario, se presenta tanto el dominio de Asuero sobre su vasto imperio como la eminencia alcanzada por Mardoqueo.

Estructura literaria

A. Mardoqueo salva al rey (Est. 2:19-23).
  B. Amán celebra su victoria (Est. 3).
    C. Los judíos lloran (Est. 4:1-9).
      D. Ester promete ayudar (Est. 4:10-17).
        E. Amán invitado al banquete (Est. 5).
          F. Mardoqueo es exaltado (Est. 6).
        E'. Amán ahorcado (Est. 7).
      D'. Decreto a favor del pueblo (Est. 8).
    C'. Destrucción de los enemigos (Est. 9:1-15).
  B'. Los judíos celebran la victoria (Est. 9:16-32).
A'. El rey engrandece a Mardoqueo (Est. 10).

El verdadero protagonista

Aunque los principios hermenéuticos señalan que Dios es el protagonista en las narrativas bíblicas, siempre hay un personaje que recibe su protección y se convierte en el vehículo de sus propósitos. A pesar de que el libro lleva el nombre de Ester, un análisis detallado revela que él es la figura preponderante: Por él es que Ester es coronada reina, que Amán proclama su edicto, que Ester abraza su deber, que el rey evade el peligro y que los adversarios se llenan de temor. No es exagerado afirmar que Mardoqueo es el verdadero eje de esta historia, él es la mano de Dios en este relato épico.

Conclusión

En el desenlace narrativo de la historia bíblica, Mardoqueo[2] emerge[3] como una figura central, cuya influencia es palpable tanto en la ascensión de Ester como en la salvación del pueblo judío. La festividad de Purim, que celebra estos eventos, se ha transformado a lo largo de los siglos, manteniendo su esencia de triunfo y gratitud. Aunque no se menciona explícitamente en el Nuevo Testamento, el espíritu de Purim (la liberación de la opresión y la providencia divina) está íntimamente relacionado con las narrativas de salvación que son fundamentales en las Escrituras. Hoy, Purim se vive con júbilo, reflejando la alegría ancestral en una modernidad que sigue valorando la historia y la fe.

---

[2] Alfonso Lockward, *Nuevo diccionario de la Biblia* (Miami: Unilit, 1999), 374.

[3] Juan C. Cevallos, *Comentario Bíblico Mundo Hispano tomo 7* (El Paso, TX: Mundo Hispano, 2005), 251.

Bibliografía

Cevallos, Juan C. *Comentario Bíblico Mundo Hispano tomo 7*. El Paso, TX: Mundo Hispano, 2005.

Lockward, Alfonso. *Nuevo diccionario de la Biblia*. Miami: Unilit, 1999.

Lange, John P. *A commentary on the Holy Scriptures: Esther*. Bellingham, WA: Logos Bible Software, 2008.

Capítulo 8: Teología del libro

Introducción

Ester es un libro verdaderamente fascinante y profundo en su teología. Después de haber analizado la trama en su totalidad, considero oportuno presentar de manera unificada las principales conclusiones teológicas a las que hemos llegado. Para captar mejor todos los matices que el autor inspirado desea que comprendamos, esas conclusiones estarán organizadas de forma sistemática.

Teología propia

En Ester salen con bastante fuerza dos temas sobre Dios En primer lugar, es que en ninguna ocasión se menciona su nombre y, además, está el asunto de la providencia. La pregunta es, ¿se contraponen estos tópicos?

El silencio de Dios

La ausencia del nombre de Dios en el texto no es solo una sugerencia de una relación distante con su pueblo durante ese periodo, sino que también podría interpretarse como un simbolismo profundo. Este relato, en su sutileza, podría servir como un anticipo de los eventos futuros relacionados con la reconstrucción del templo. Aunque la gloria divina no se manifestaría con la magnificencia y el esplendor de antaño (Esd. 3:10-13), la narrativa nos asegura que esto no equivale al abandono.

El libro podría verse como una transición hacia una forma diferente de presencia divina, una que no depende de la ostentación de milagros y maravillas, sino que se encuentra en la perseverancia y la fe del pueblo. La historia nos invita a reflexionar, por tanto, sobre la naturaleza de la fe. Una que no se mide por la visibilidad, sino por la confianza en la guía constante, incluso en los momentos en que parece que Dios no está.[1]

Providencia

El libro de Ester, aunque no menciona explícitamente a Dios, es un vibrante testimonio de la providencia divina.[2] Cada giro de la trama, desde la elevación de Ester al trono hasta la salvación del pueblo judío, parece orquestado por una mano invisible. La supervivencia y el triunfo de los judíos, insinúan la existencia de una fuerza divina que actúa en las sombras.

Por otro lado, el libro de Ester celebra la fe y la resiliencia judía. La festividad que conmemora estos eventos, no solo recuerda la salvación histórica, sino que honra la creencia en una providencia activa. Aunque no siempre visible, esta providencia nunca deja de trabajar en favor de aquellos que mantienen su fe. La confianza inquebrantable en la providencia es el mensaje central (Est. 4:4). El desenlace de la historia ratifica, sin lugar a dudas, que esta fe está bien fundamentada y es segura.

---

[1] Ángel M. Rodríguez, *La presencia silenciosa de Dios* (División Interamericana, 2009), 5-6.

[2] Fernando Canale, *Elementos básicos de la teología cristiana*, trad. Margarita Biaggi (Buenos Aires, Argentina: Universidad Adventista del Plata, 2017), 97.

Antropología

Entre líneas podemos leer una pregunta en el libro: ¿Cuál es el propósito del ser humano? Tal vez, junto a la pregunta del origen, este es el asunto que más ha captado la atención del hombre. Aunque puede ser fascinante la forma en que esto se trabaja en Ester, hay otro tema no menos importante: ¿Cuál debe ser nuestro comportamiento?

El propósito del ser humano

La frase de Mardoqueo a Ester ("¿Quién sabe si para esta hora has llegado al reino?"), encapsula la idea de que cada uno de nosotros debe cumplir un papel específico en el momento adecuado. Ester, inicialmente una joven judía en la corte persa, se convierte en un instrumento crucial para la salvación de su pueblo. Su valentía y disposición a arriesgar su vida por los demás no son accidentales, son parte de un propósito más grande que trasciende su propia existencia.

A través de esta historia, el libro de Ester nos recuerda que nuestras acciones pueden tener un impacto significativo en el mundo. Incluso, en los momentos aparentemente insignificantes, podemos estar cumpliendo un propósito divino.[3] Ester personifica la idea de que cada uno de nosotros tiene un papel único y vital en el tejido de la vida.[4]

---

[3] Oliver Buswell, *Teología sistemática II: El Hombre y su vida de pecador* (Miami, Florida: Logoi, 1980), 355.

[4] Ese papel único no significa que todos vamos a tener un cargo relevante, o que vamos a ser la cabeza visible de un ministerio. Aunque esa puede parecer la verdadera interpretación del concepto que expresa que "Dios tiene un propósito para cada uno", en realidad no es así. Ese fue el pecado de Coré, asumir que lo habían llamado para algo extraordinario.

Cuestiones éticas

El debate sobre si un judío puede casarse con un gentil, planteado en el libro de Ester, es una cuestión ética que refleja la tensión entre la tradición y la modernidad. La ley judía tradicionalmente prohíbe tales uniones para preservar la identidad y continuidad del pueblo judío, pero las interpretaciones contemporáneas varían. Algunas corrientes del judaísmo moderno ofrecen una perspectiva más inclusiva, permitiendo matrimonios mixtos bajo ciertas condiciones, mientras que otras se adhieren a la prohibición estricta.

Esta discusión no solo es un reflejo de la diversidad dentro del judaísmo, sino también un ejemplo de cómo las comunidades enfrentan el desafío de mantener su identidad en un mundo cada vez más interconectado y plural. Estos problemas no devienen de la modernidad, por el contrario, Ester nos muestra su antigüedad y vigencia.

Otro tema que toca el libro es la obediencia a la autoridad. Mardoqueo se negó a arrodillarse ante Amán, desafiando así una orden real, lo que refleja un acto de desobediencia civil. Sin embargo, su disposición a advertir al rey sobre una conspiración, muestra que su resistencia no era contra la autoridad en sí, sino contra las órdenes que consideraba injustas. Este relato bíblico nos enseña que la ética personal puede y debe influir en nuestras decisiones diarias. En otros términos, subraya la importancia de la integridad sobre la obediencia ciega.[5]

---

[5] George Knight, *Salvación para todos: La epístola de Pablo a los Romanos*, trad. Ernesto J. Giménez (Buenos Aires: Argentina: ACES, 2017), 112-115.

Además de este asunto, aborda la compleja cuestión de ocultar parte de la verdad. Recordemos que Mardoqueo instruye a Ester para que no revele su origen judío. Este acto puede ser considerado como estratégico, pues busca "proteger" a Ester. Sin embargo, la narrativa nos mueve a reflexionar sobre las circunstancias en las que no revelar toda la verdad puede ser justificable o incluso necesario.

En este contexto, la decisión de Mardoqueo destaca la tensión entre la honestidad absoluta y la prudencia en situaciones de riesgo. La historia sugiere que, en ocasiones, la ética de la responsabilidad puede requerir decisiones difíciles que equilibren la integridad personal con el bienestar colectivo. No obstante, este no es el caso de Mardoqueo, pues su postura estaba más relacionada con conservar lo logrado dentro del imperio.

Unido a esto, la disposición de martirio de Ester, quien arriesga su vida por su pueblo, es una de las cuestiones éticas más profundas. Su disposición a enfrentar la muerte para salvar a los demás es un ejemplo supremo de altruismo y sacrificio. Este gesto heroico resalta la importancia de la valentía y el compromiso personal cuando se trata de defender la justicia y la verdad.

La historia de Ester nos enseña que, en ocasiones, los actos de sacrificio personal son necesarios para el bien mayor, y que la protección de la comunidad puede requerir que los individuos asuman riesgos significativos. Su coraje es un llamado a la acción para todos aquellos que se encuentran en posiciones de influencia, recordándonos que el verdadero liderazgo a menudo implica hacer elecciones difíciles por el bienestar de otros.[6]

---

[6] El liderazgo cristiano fue creado para el servicio.

Soteriología

Si el decreto de Amán en el libro de Ester se hubiera cumplido, la historia de la humanidad habría tomado un rumbo oscuro y desolador. La supervivencia del pueblo judío, que estaba en juego, habría terminado en tragedia, lo que significaría que figuras claves en la historia de la salvación no habrían existido. Sin la intervención divina y la valentía de Ester, la luz de la esperanza se habría extinguido, dejando a la humanidad en una sombra de desesperación y sin la promesa de redención. La victoria de Satanás habría simbolizado la derrota del bien y la justicia en el mundo, un triunfo de la maldad que habría cambiado el curso de la fe. Por lo tanto, la ausencia de la intervención providencial en este momento crítico habría alterado irrevocablemente el legado espiritual y cultural que ha moldeado civilizaciones enteras.

En este escenario alternativo, la derrota de la humanidad ante el mal habría sido un golpe devastador para la moral y la ética que sostienen a las sociedades. Por otro lado, la historia de redención y coraje que inspira el libro de Ester no sería más que un relato de advertencia sobre lo que podría haber sido. Así, la posibilidad de un futuro lleno de luz y esperanza se habría desvanecido, dejando un vacío donde una vez hubo promesas de liberación y victoria sobre la adversidad. En ese sentido, la humanidad habría quedado privada no solo de uno de sus relatos más poderosos, sino también de la salvación.[7]

---

[7] Hemos tenido la oportunidad de discutir este asunto ampliamente en esta obra. Como en la sección histórica de Daniel, la soteriología cobra un especial protagonismo. Lejos de Ester ser un tratado sobre el origen del Purim, es un libro sobre la protección de la simiente prometida.

Eclesiología

En este escrito inspirado se destaca una verdad fundamental: A pesar de estar disperso por las vastas provincias del imperio, el pueblo judío permanecía unido bajo la mirada de Dios. Esta unidad trascendía las fronteras geográficas y las diferencias culturales, reflejando una comunidad de fe y destino compartidos. La providencia divina no reconocía las divisiones humanas, sino que veía al pueblo como una sola entidad, digna de protección y bendiciones.

El libro de Ester enseña que, tanto en los momentos de alegría como en los de adversidad, la unidad del pueblo es esencial.[8] La fiesta de Purim, que conmemora los eventos narrados en Ester, es un reflejo de esta dualidad. Es una celebración que recuerda tanto la salvación milagrosa del pueblo judío de la destrucción, como la importancia de la solidaridad y el apoyo mutuo.

Purim[9] se convierte así en un símbolo de la resistencia y la unidad, donde se celebra la victoria sobre las dificultades y se fortalece el compromiso comunitario. La festividad no solo es un recordatorio de los tiempos difíciles superados, sino también una afirmación de la alegría y la gratitud por la protección y la providencia divina. De esta manera, Purim encapsula el espíritu de unidad que debe prevalecer en todas las circunstancias de la vida.

---

[8] A pesar de las diferencias de estatus y riqueza, la narrativa enfatiza la responsabilidad compartida de cuidar a los menos afortunados. Esta lección trasciende las divisiones sociales.

[9] M. Manser, *Diccionario de temas bíblicos* (Bellingham, WA: Software Bíblico Logos, 2012).

Conclusión

El autor nos revela la mano de Dios en cada detalle, desde la protección a los más necesitados hasta la providencia divina. Nos muestra el altruismo de una reina y nos enfrenta a dilemas éticos, resaltando como Dios orquesta los eventos para cumplir sus propósitos. Él es quien preparó el camino para que Ester ascendiera al trono, quien permitió que Mardoqueo descubriera la conspiración, quien iluminó al rey y quien concedió favor a una judía ante los ojos de siervos, príncipes y reyes. La narrativa entera es teocéntrica, enfatizando la inquebrantable fidelidad de Dios a su pacto.

Bibliografía

Canale, Fernando. *Elementos básicos de la teología cristiana*. Traducido por Margarita Biaggi. Buenos Aires, Argentina: Universidad Adventista del Plata, 2017.

Buswell, Oliver. *Teología sistemática II: El Hombre y su vida de pecador*. Miami, Florida: Logoi, 1980.

Knight, George. *Salvación para todos: La epístola de Pablo a los Romanos*. Traducido por Ernesto J. Giménez. Buenos Aires: Argentina: ACES, 2017.

Manser, M. *Diccionario de temas bíblicos*. Bellingham, WA: Software Bíblico Logos, 2012.

Rodríguez, Ángel M. *La presencia silenciosa de Dios*. División Interamericana, 2009.

Conclusiones

En la travesía por las páginas del libro de Ester, nos encontramos con una narrativa que entrelaza la providencia divina y la condición humana en un mosaico de fe y política. Cada capítulo nos ha guiado a través de un análisis profundo de las decisiones de Mardoqueo y Ester que, en la mente del autor bíblico, representan la condición espiritual del pueblo judío en el exilio. A pesar de todos los errores que cometieron, bajo la superficie de la historia, se revela una constante divina que dirige y da sentido a su existencia. La pregunta del libro es una: ¿Viviremos bajo la soberanía de un rey extranjero o, por el contrario, nos volveremos a Jehová?

Esa pregunta se responde en el libro mediante la identidad de Mardoqueo/Ester. Al principio vemos que, ambos, son renuentes a exponer su identidad y, con ella, al Dios en el cual creen. En la medida que la trama se desarrolla, las circunstancias van empujándolos hacia una decisión. Eventualmente, Mardoqueo, debido a que resolvió no humillarse, revela que es judío; Ester, quien había vivido por cinco años como pagana en la corte, también tiene que exponer el secreto para salvar a su pueblo. Ambos se reconcilian con Dios, su único soberano.

Muy unido a esto, la festividad de Purim, con su alegría y gratitud, perpetúa el mensaje de que la liberación y la providencia son realidades vivas y actuales. Nos recuerda, además, que la presencia de Dios se manifiesta en los detalles, en la protección de los inocentes y en la caída de los injustos; asegurando que, al final, la justicia y la verdad prevalecerán. Así, cada uno de nosotros está llamado a ser un agente de cambio, inspirados por la certeza de que nuestras acciones, guiadas por la fe y la esperanza, tienen el poder de escribir la historia. Ese es el mensaje del autor de Ester para nosotros.

Printed by Books on Demand GmbH, Norderstedt / Germany